遺品整理の第一人者が教える

図解 親の財産を見つけて実家をたたむ方法

内藤 久
Hisashi Naitoh

ビジネス社

はじめに

「まさか、今日のような日が来るとは思ってもいませんでした」

先日作業を終えたお客様の言葉が印象に残っています。

ご依頼いただいたのは40代の女性の方で、3年前にご両親を亡くして実家の遺品整理が進まないなかで、いつか何とかしたいと思い続けていたと伺いました。実家の遺品整理を着手しようと考えるまでに至るまでは、両親の遺品に向き合うことを避けていたご様子でした。

今まで1900件の作業を行ってきたなかで、ほとんどの方は故人が遺した膨大な遺品を目のあたりにして「いったい何がどこにあるかわからない、どこから手をつけていいのか」そして親が身につけていた遺品をできればそのままにしておきたい。そのため、賃貸にお住まいだった方に比べ、実家が持ち家の場合には、どうしても、遺品を整理するのが先延ばしになる傾向があります。今までのご遺族の方のお話を聞くと形見分けを何にするか、それが決まらないと先に進めなくなることが多いため、1年近く家賃の支払いを続けながら遺品整理をする方もおられました。

ご遺族の方々には、遠方に住んでいる方、皆様のさまざまな想いと時間的な制約があることを伺っています。ただ、特に戸建ての場合には誰も住まなくなっている家を遺族が今後どうする予定なのか、ご近所から注目されていることが多いと現場で実感します。

また遺品整理の現場ではいろいろなもの、故人の財産も残されています。よくあるのは親が開設した預金を子供たちが把握できていないケースです。バブルのころまでは、今とは違いA社の銀行に、たとえば勤務先周辺、転勤先など複数の口座を持っていた方もいるので、現場では遺族の方が知らなかった預金通帳が平均2、3冊発見されています。また親心から子供たちに積み立てた預金の存在を親が亡くなってはじめて知ることもあります。

よくお客様より「うちの親にはたいした財産はないはずです」とお聞きしますが、時には、逆のケースでこっそり負の遺産が現場に残されていることもあるため、できれば故人が遺した資産を早めに把握することが、遺品整理で必要な手順の1つと感じています。

最近、現場ではデジタル遺品の問題もあります。それはすなわちデジタル環境のなかでのみ把握できる遺品を指しますが、いずれにせよ故人が遺した資産にはいろいろなものがあるのです。

あなたが遺品整理をするときに、どのようなことを知っておくべきでしょうか。離れて暮らす親の実家を片付けようとするときに、何をすることが必要でしょうか？

本書が、これらを考えてみるきっかけとなれば、これ以上の喜びはありません。

なお本書で取り上げるのはすべて私が立ち合った現場で起きた出来事ですが、お客様に対しての守秘義務があるため、核心を反らさない範囲で書き改めたところがあることをお断りしておきます。

【第1章】親の家には財産も、負債もたくさん眠っている

【第2章】遺品整理・実践編

【最終章】「生前片付け」はどうあるべきか？

第1章

親の家には財産も、負債もたくさん眠っている

親の家は「親の生きた証」そのもの

「わかってはいるけれど、なかなか取りかかれない」

気は進まないけれども、やらなくてはいけないことがあるとき、誰もがそんな状態になります。その最たるものが遺品整理なのではないかと私は思っています。

長年、遺品整理の現場を経験してきて、多くのご遺族に接してきた私は、いつのころからかそれには特殊な理由があることを知りました。

それは「2つの覚悟」が必要だということです。

1つ目は「これが親との本当の決別になる」という精神的覚悟です。

親は生まれたときから自分のそばにいます。子供のいない人は世の中にたくさんいますが、親のいない人はいません。

当たり前のように存在していた親が、ある日、突然いなくなる……それが物理的な「死」です。

親の遺品整理は、誰もが腰が重い

親の遺品整理に腰が重い理由①
親との最後の決別になるという、覚悟ができにくい

人は誰もが「自分の親だけはいつまでも生きている」と漠然と思っている

実際に親が亡くなったとき、はじめて「ああ、親を亡くすということはこういうことなのか」と思い知る

↓

親の遺品整理は、誰もがやりたくない、向き合いたくないもの。「つい後回しに」となるのは心情として当然。

「親との本当の別れ」に向き合うとき

その喪失感は、経験した人でなければわからないものでしょう。

実際に親が亡くなったとき、人ははじめて「ああ、親を亡くすということはこういうことなのか」と思い知ります。

親を亡くした子供にとって、遺品は「親が生きた証」そのものです。

親がかつてテレビを見ていた居間。遊びに行ったときに、いそいそとお茶を入れてくれた台所。そこはかつて家族が集っていました。

まだ老いていなかった両親と、自分たちきょうだい。さまざまな時代、さまざまなシーンが蘇ります。遺品は親の歴史を映すものであり、親そのものなのです。

葬儀を済ませた後、親の家に入ったときの感慨には格別なものがあるでしょう。

私も現場でお客様と一緒にいるとき、何度もやるせない気持ちになりました。

特に心から同情を覚えたのは、一人娘さんが亡くなった親御さんの家をたった一人で整理する場合です。何もかもが親御さんとの思い出に結びついてしまって、その場に崩れ落ちるように泣き続けることもしばしばです。

このようなつらいものに進んで向き合いたいとは思う人はいないでしょう。

遺品は親そのもの、親との思い出を反映するもの

父親が生前に使っていた湯飲み。母親のお気に入りで、大切なお客様のときにだけ使われた紅茶セット。

寝室にかかっている、父親が着ていたスーツ。
「お父さんは70歳過ぎてからも同窓会のたびに、パリッとスーツを着て出かけて行ったな……」

タンスから出てくる母親の着物。
「入学式や卒業式のたびに『今度こそは着物を着る』って大騒ぎするのに、結局、寒いだの雨が降りそうだのって、洋服にしちゃうのよね。でもお母さんにとって着物をつくって持っていることが、喜びだったんだろうな……戦後のどさくさのころに青春時代が重なって、娘らしい華やかさとは無縁だったのね……」

遺品は親の歴史を映すものであり、親そのもの。
1つひとつに思い出が宿る。

遺品の物理的な量に圧倒

もう1つ、遺品整理が困難な理由、それは「整理をしようにも、ものの量の多さに圧倒されて、何から手をつけていいかわからない」ということです。

みなさんの親御さんの家を思い浮かべてみてください。玄関前には割れた植木鉢や灯油のポリタンク、玄関に入ればあふればかりの靴、廊下には新聞の山、居間に入るとテーブルの上には急須と湯飲み、多数の薬の袋に郵便物、袋を開けた状態のお煎餅、ご飯茶碗にお箸、そして寝室には……。

もうこのくらいでやめておきましょう。

親が生きてきた70年とか80年の長い年数の蓄積が、そこには展開されています。

処分されなかったものやストックされたものは、手近な場所に置かれて堆積していきます。台所や居間や寝室の床に。そこでも足りなくなったら廊下や玄関に。

その「ゴミ屋敷化」したような親の家にある、おびただしい数のものを目のあたりにして、それを自分たちの手ですべて整理・処分することを思うと、もうそれだけで意気阻喪してしまっても無理ありません。

親の遺品整理に腰が重い理由②
親の家に残されたものの物理的な量に圧倒されてしまう

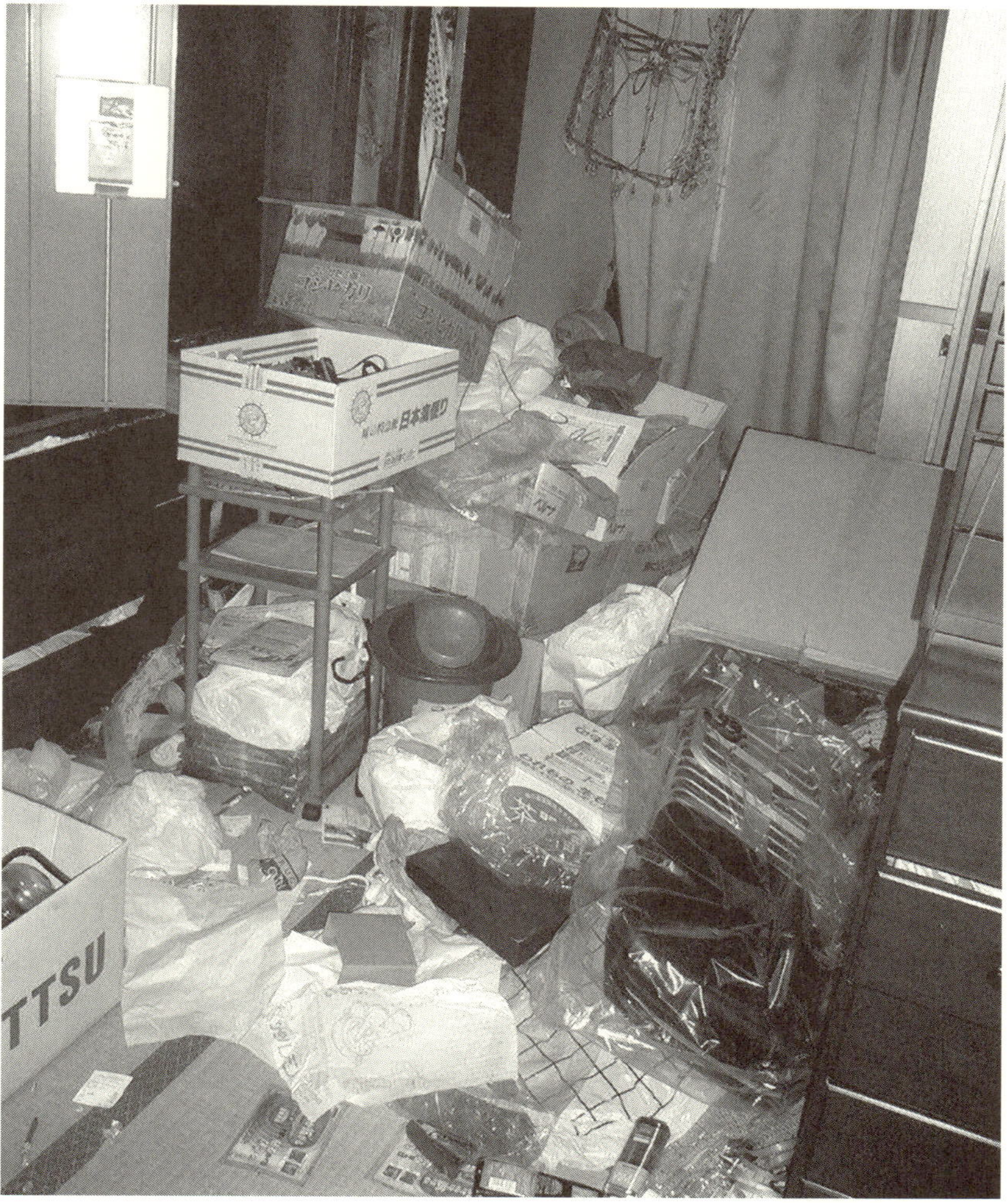

親の家が持ち家だと、先延ばしにしがちになる

遺品整理は進んで行いたいものではありませんが、賃貸住宅にお住まいの親御さんが亡くなった場合の方が、断然スムーズに進みます。

遺品整理を先延ばしすれば、月々の家賃がかかり続けるからです。亡くなった人は家賃を払えませんから、その請求先は法定相続人である子供（あなた）になります。

親御さんが賃貸住宅に住んでいた場合、余分な家賃を払わないようにするために、きょうだい同士で結束して、早めに遺品整理を済ませるケースが非常に多いのです。

その反面、持ち家の場合は先延ばししがちになります。

固定資産税が高額な地域だったり、高級なマンションで高額な管理費がかかったりしていない限り、急いで遺品整理をする理由がないからです。

きょうだいに「そのうちやればいいね」という空気が流れ、思ってもいなかった大変な作業をするのに時間を割こうと思えないまま、1年が過ぎ2年が過ぎ……となります。

遺品整理への
モチベーションは
親の家の状況で異なる

①賃貸住宅の場合、家賃が発生するので「すぐにやろう」と思う

②持ち家の場合、「早くしなければならない理由」がないので、先延ばししがち

⬇

進んでやりたくないものであり、すぐに行う必要に迫られなければ、行われないのは当然。

遺品整理を先延ばしにすると、得られる財産を失う、負債を背負う

親の家には、親に関わるいろいろなものが眠っています。

「何か引き継がれていない財産があるのでは？」と期待する人が多くいます。

実際に私が遺品整理の現場に立ち会うと、いろいろなものが出てきます。現金や貴重なものなどが出てくることも、よくあります。どうすればそれらを発見できるかは、後で説明します。

ただし、よいことばかりではありません。遺品を生前のまま放置すると、親がコツコツ貯めた財産を失ったり、逆に親が遺した借金に気づかず、返済義務を負ったりするリスクもあるのです。

私が遺品整理の現場で実際に目にしたことを、プライバシー保護の観点から、若干のフィクションを加えてご紹介しましょう。

本当にあった、
遺品整理を先延ばしにして
財産を失った例

①押し入れの奥に潜んでいた定額貯金の権利が消滅

20年で権利が失効。720万円が無効に。
遺品整理をすぐに行っていれば、親の遺してくれた財産を受け取ることができた。

②償還期間の過ぎた国債などの証書を発見

「せめて数カ月前に遺品整理を行っていれば……」ということも多い。

⬇

親の財産には「受け取れる期間」が定められている。金額的な損失だけでなく、親の子供への思いが無駄になってしまうことは、なんとしても避けたい。

遺品放置のリスク① 押し入れの奥に潜んでいた定額貯金の権利が消滅していた

依頼人Aさんは親御さんが亡くなった後、4年ほど実家のマンション（持ち家）をそのままにしていました。

いよいよ重い腰を上げて遺品整理を私に依頼してきたのです。

遺品整理を始めると、押し入れの中から郵便局の定額貯金の通帳が見つかりました。通帳の名義はAさんで（昔は本人以外の名義で預貯金をすることができました）、金額は720万円です。

亡くなった親御さんが、Aさんを思ってコツコツお金を貯め、定額貯金にしていたものと思われます。

実はこのような例はよくあります。日本はここ20年ほど超低金利時代が続いていますが、私たちの親が若かったころはハイパーインフレで高金利が続いていました。10年預け入れれば元本が倍になるのが当たり前だったのです。

Aさん名義の定期預金も、高金利時代の恩恵を受けたものでした。

ただ、残念なことに、実家を放置している間にAさんにはこの定期預金を受け取る権利がなくなっていました。

郵政民営化前（平成19年9月30日以前）の郵便局の貯金は、20年以上お金の出し入れがないと権利が消滅してしまいます。

Aさん名義の定額貯金に入金があったのは、平成9年1月15日なのでそのまま放置すると20年、2カ月後の平成29年3月中には権利を失います。

Aさんが私に遺品整理を依頼してきて、この通帳を見つけたのは平成29年10月のことでした。

親御さんの思いのこもった貯金は、半年の差でAさんの手に渡ることはありませんでした。

本当にもったいないことです。

なお、遺品整理の現場では、償還期間がとっくに過ぎた国債などの証書が見つかることもよくあります。

日本郵政のホームページに、長期間ご利用のない貯金の取り扱いについて案内があります。

遺品放置のリスク② 親が契約していた生命保険の請求権が消滅!?

同じく、実家を放置している間に、本来、受け取れるはずの保険金の請求権を失ってしまった例です。

依頼人B子さんは一人娘。親御さんが亡くなった後、勇気を振り絞って実家に足を踏み入れましたが、両親が健在だったときの思い出が蘇ってきて、涙があふれるばかり。あまりのつらさ、悲しさに「遺品整理」を封印してしまいました。

それから5年の月日が経ち、長女が結婚するのを機に「将来的に娘夫婦の新居を、親の家が建っている場所に建ててはどうか」という案が浮上。親御さんの家の整理・処分を思い立って、私に依頼してきました。

整理の際、リビングにあるカップボードの棚に敷かれた、ゴブラン織りのクロスの下から出てきたのが生命保険の証書でした。

生命保険の種類は死亡保険で、契約者と被保険者が父親、受取人はB子さん。保険金額は1000万円となっていました。

父親亡き後、B子さんが保険金を請求すれば、B子さんに1000万円が支払われるというものです。

いつの間にか迎えていた
生命保険の請求権消滅

父親の死後５年を経て行われた遺品整理の際に発見された生命保険。娘に1000万円が支払われる契約となっていた

請求が可能なのは父親の死亡日の翌日から３年以内。すでに５年を経ているので、請求権が消滅していた。

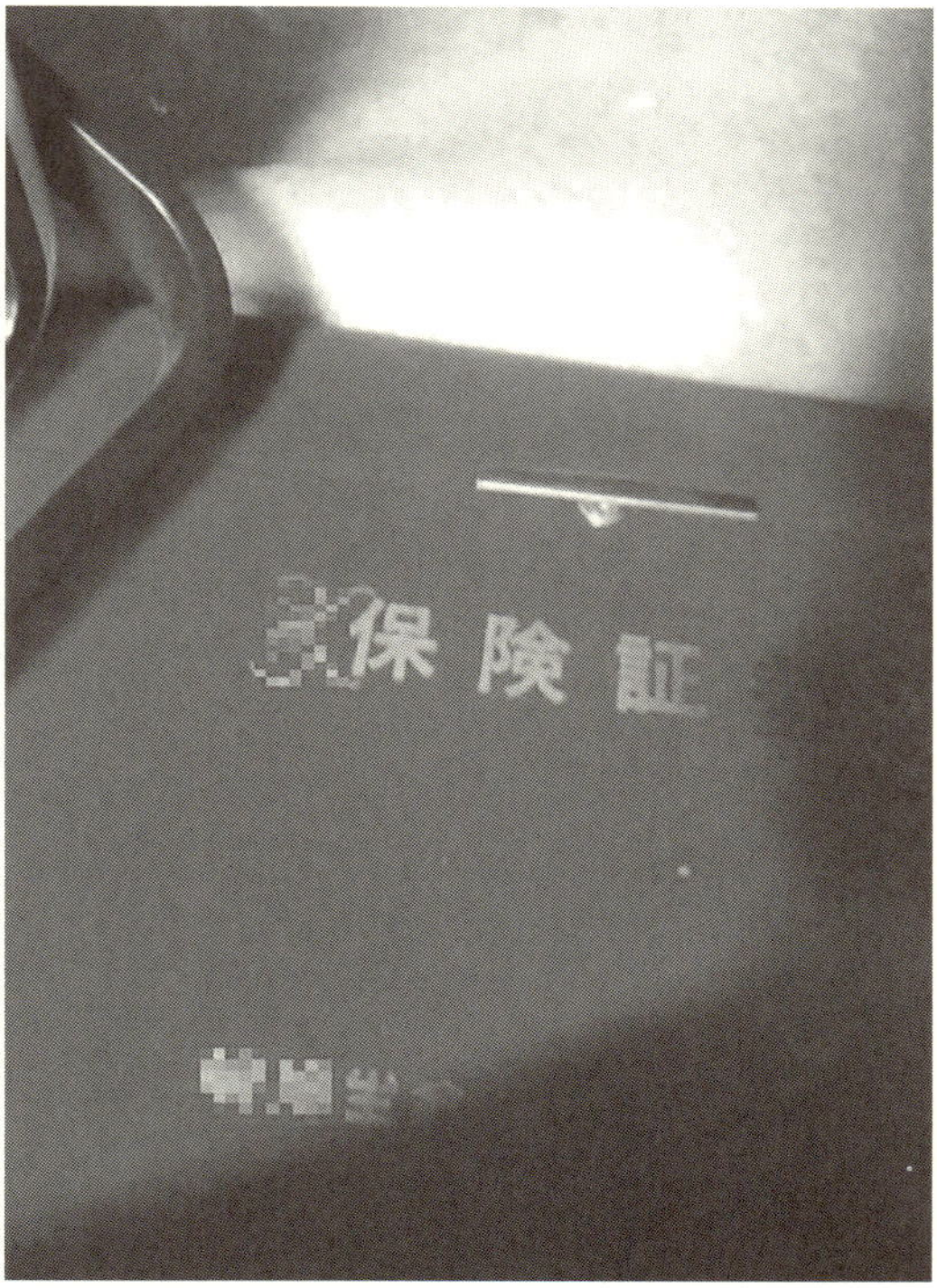

ただし、請求できるのは保険事故（このケースでは父親の死亡）があった日の翌日から3年以内。つまり3年を経過すると時効により請求権が消滅します。

B子さんが保険証券を見つけたとき、父親が亡くなってから5年経っているので、もはや1000万円の死亡保険金を受け取るのは絶望的と思われました。

しかし、生命保険に詳しい人に、生命保険会社から「契約があったことを知らず、遺品を整理したら保険証書が出てきた」と伝えて保険会社と交渉することを勧められ、交渉の結果、幸いにも保険金を受け取ることができました。

B子さんの場合、保険証券を見つけることができ、なおかつ適切なアドバイスを受けられて保険金を受け取れるという幸運に見舞われました。

しかし、保険証券そのものを見つけられなかったケースも多々想定されます。

急いで雑な遺品整理をして、重要なものとそうでないものの見極めをせず、何もかも捨ててしまうような場合です。

また、最終的に保険金が受け取れたとしても、もっと早く受け取ることができていれば、子供の学費や住宅ローンの繰り上げなど、亡き親御さんの「子供が困らないように」という遺志に沿う使い方ができたケースも少なくないことでしょう。

生命保険の時効に注意！

生命保険は請求しなければ支払われない。支払われずにいるうちに時効を迎え、請求権を失うことも多い。

そもそも、親が入っていてくれた保険に気づかないケースも多々あることが予想される。

⬇

親の思いを受け取るためにも、遺品整理は早めに行うことが大切。

※保険会社と交渉すれば請求権が消滅後も保険を受け取れることもある。保険会社ごとに約款が異なるので、遺品整理中に保険会社の書類を発見した際は、まずは保険会社に相談することが大切。

相続したくない負債を相続してしまっていることも

遺品整理を先送りしている方に理由を聞くと、「うちには大した財産なんかないから」という答えが返ってくることがあります。

どうせうちの親は大した財産は残していないから、遺品整理を急ぐ意味がない（たくさん財産があるなら自分の取り分を確保したいけれど）そうです。

この言葉を聞くたびに私は「プラスの財産ばかりとは限りませんよ。マイナスの財産を残して亡くなる方も多いのですから」と言いたくなります。

大した財産など残してくれなくて大丈夫、マイナスの財産が残っていなければ御の字くらいに思ったほうがいいのでは？　と思ってしまうほど、借金を残したまま亡くなる親御さんは相当数存在しています。

そして、借金の存在がわかったとき、誰もが「まさかうちの親に限って！」と言います。

マイナスの財産にはローンの残債などの借入金のほか、自分たち子供の誰も住む（活用する）予定がなく、収益性もなく、売るに売れない不動産も含まれます。

「大した財産はない」が一番危険

多くの親が、現実には財産よりも借金を残して亡くなっている。

借金の例① ローンの残債、今では売りづらい資産

買い手がつかないだけでなく、子供の知らない親のローン専用口座から、親の死後も引き落としがされ続けていることも

借金の例② 売れない土地を相続してしまう

相続放棄の手続きは亡くなったことを知った日から３カ月以内に行う必要がある。３カ月を経過すると、すべて相続することになる

親の負債① 親が内緒でリゾートマンションを購入、ローンが残っていた

今から約30年前、いわゆる日本経済がバブル期だったとき、リゾートマンションを持つことが大流行しました。

自分たちの別荘として使うというより、値上がりを待って転売する、投機的な目的で購入した人も多かったことでしょう。

依頼人Cさんの親御さんもその一人でした。亡くなってから1年経って遺品整理を始めたとき、たまった郵便物の中に信販系クレジット会社からのものがありました。重要な書類と思われたので、Cさんが開封したところ、ローンの残債が250万円との記載がありました。親御さんがCさんに内緒でリゾートマンションを購入していたことがわかったのです。

ローンの金額と、リゾートマンションの管理費は、親御さんがメインにしていたのとは別の金融機関の口座から引き落とされていたこともわかりました。

ここで親の死去と銀行の口座凍結の関係についてお話ししておきましょう。

親が亡くなるとその情報が金融機関にもたらされ、自動的に口座が凍結されて、遺

族が勝手に引き出せなくなると思っている人が多いようですが、そんなことはありません。

よほどの資産家ならともかく、ごく普通の暮らし向きだった人が亡くなった場合、金融機関がそれを把握して自ら口座を凍結することはまずありません。

遺族が「親が亡くなったから、口座を解約したい」と申し出たときにはじめて凍結する、という流れです。

つまり遺族側が、亡くなった人がどこの金融機関に口座を持っていたか知っていて申し出ない限り、亡き後も「口座は存在し続ける」のです。

Cさんも、リゾートマンションのローンと管理費が引き落とされている口座の存在自体を知りませんでした。

親御さんはその口座にまとまったお金を入れていたため、亡くなった後も引き落としが続いていたのでした。

買った当初は何千万円もしたそのマンションも、現在の取引価格は２００万円を切るまでに下落しています。

ここまで値が下がると、不動産業者にとっては大した手数料も稼げない、手間ばかりかかる物件になるため、売りたくても売ってもらうこともできません。

そもそも売れたとしても、250万円の残債のほうが大きいため、相続人であるCさんが「250万円－売価」の残りを払うしかありません。

所有し続けるとなると、残りのローンのほかに、豪華な設備を備えたリゾートマンションであるがゆえに毎月5万円という高額な管理費がかかることもわかりました。

やむなくCさんはそのマンションの売却を決意。ようやく買ってくれる人を見つけて100万円で売却することができました。

残債250万円－売価100万円＝150万円　となるので、この150万円はCさんが自分の預貯金から出して信販系会社に返済しました。

「150万円で、この先ずっと負担になり続ける相続財産を引き取ってもらったと思うしかないな」と、自分を納得させるようにしているということです。

なお、リゾートマンションも場所と建物の状況によって価格が高いこともありますので、相続される方は現地の取引価格を調べてみてください。

親の負債②　売れない土地を相続しそうになった

D子さんは、4カ月前に亡くなった子供のいない母方の伯母・G子さんの遺品整理をすることになりました。

妹であるD子さんの母親・H子さんが高齢なので、D子さんがすべてを取り仕切ることになったのです。ちなみにG子さんとH子さんは二人姉妹で、両親はすでに他界しています。

したがってG子さんの財産はすべてH子さんが相続しました。

さて、遺品整理の際、D子さんは伯母であるG子さんが田舎の土地を3カ所も所有していたことを知りました。

そして、更地であることから固定資産税の評価額が高く、田舎ではあるものの年間数十万円に上ることがわかったのです。

人口が減り続けている町なので、土地の有効活用はできそうもありません。

そうなるとゆくゆく母親のH子さんが亡くなると、一人娘であるD子さんが相続して固定資産税を払い続けなければなりません。

となると、H子さんに、姉であるG子さんの財産を放棄してもらっておく方がいいのでは？　と思いました。

ところが相続放棄の手続きは、亡くなったことを知った日から3カ月以内と法律で定められています。３カ月を経過すると「すべてを相続した」とされてしまうのです。

「もう4カ月経っている！　どうしよう⁉」と不安になったD子さんですが、司法書士に相談したところ、「財産状況を知った日から3カ月以内であれば、相続放棄が承認される可能性が高い」とアドバイスされました。

「おかげで財産放棄ができました。あのまま知らずにいたらどうなっていたことか……」と胸をなでおろすD子さんなのでした。

このように遺産の中には「負の遺産」が含まれていることがあります。

それを早期に発見するためにも、遺品整理を先延ばしにするのはやめるようにしたいものです。

「３カ月」とされる相続放棄の手続きには、例外が認められることも

相続放棄の手続きは、被相続人が亡くなったことを知った日から３カ月以内と法律で定められている。３カ月を経過すると「すべて相続したもの」とされてしまう。

ただし、今回のケースは「財産状況を知った日から３ カ月以内であれば、相続放棄が承認される可能性がある」とアドバイスを受け、相続放棄が承認された。

とはいえ、いつも例外的に相続放棄が認められるとは限らない。最もよいのは、きちんと３カ月以内に相続するか、放棄するかを決め、手続きを行うこと。

親の家を空き家にしておくと、こんなリスクがある

親が亡くなった後、放置された家は当然のように「空き家」になります。

近年、空き家率が増えていることについては、しばしばニュースなどで取り上げられているのでみなさんもよくご存じのことでしょう。

総務省は5年に1回、『住宅・土地統計調査』を行っています。

直近の入手できる最新のデータ（平成25年）を見てみましょう。

これによると平成25年の空き家数は８２０万戸と、５年前にくらべて63万戸（８・３％）増の13・５％と過去最高を記録し、社会的な問題となりました。

増え続ける空き家に対して、近所の人たちはどのように見ているのでしょうか。

37ページはホームセキュリティの大手・ＡＬＳＯＫ（アルソック）が行った調査結果です。

総住宅数、空き家数及び空き家率の推移

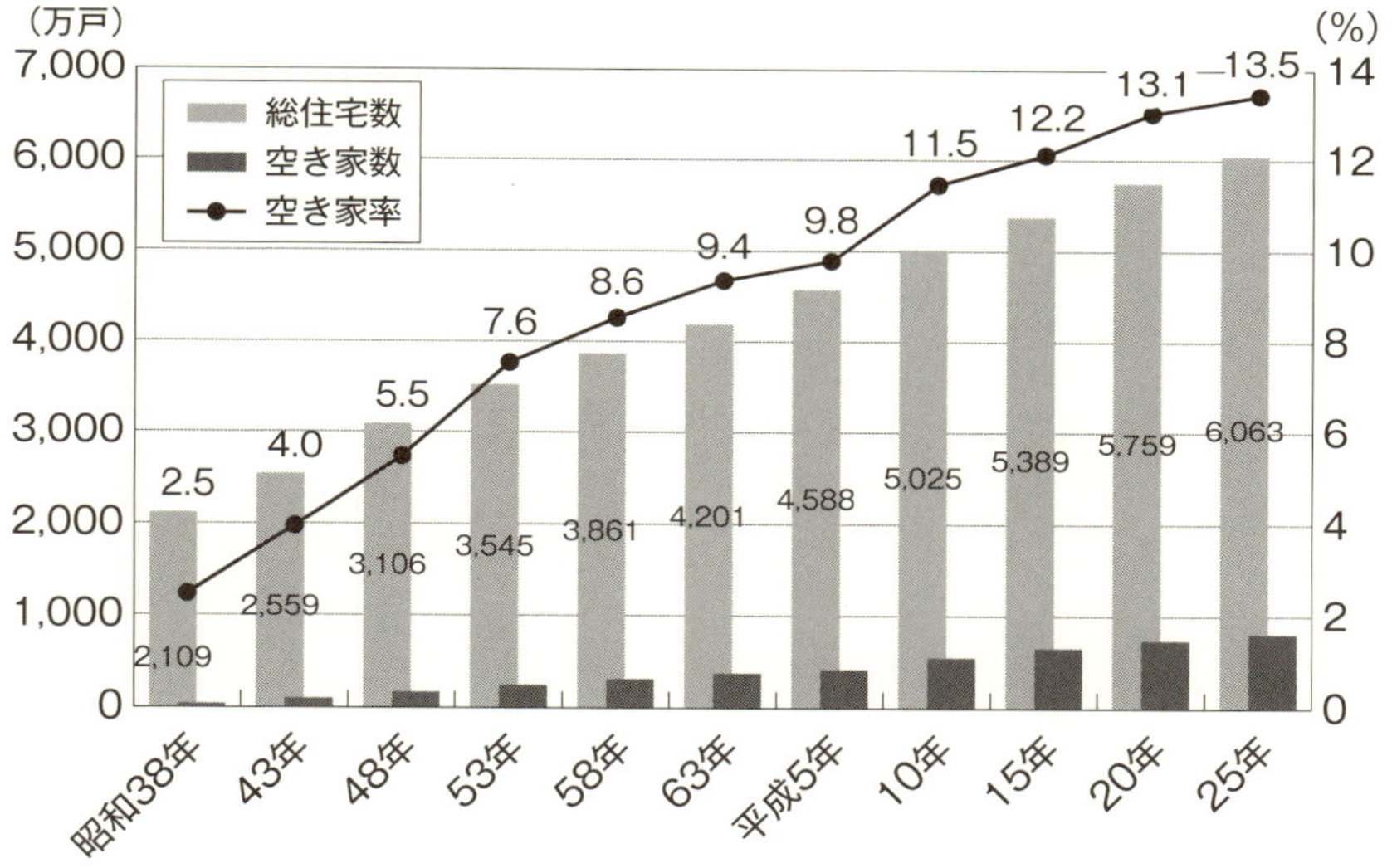

総務省『平成25年住宅・土地統計調査（速報集計）結果の要約』より

「近所に空き家がある」人は33・2％

家の近所の空き家の有無について聞いたところ、33・2％と3人に1人が「近所に空き家がある」と回答しました。

家の周りにある空き家をどう感じているかについては、30％以上の人が「もったいない」と感じています。

また、「不安だ・危険だ・汚い・迷惑だ」と不快に感じている人は合計45・8％で、近所にある空き家に対してネガティブなイメージを持っていることがわかりました。

そしてなぜネガティブなイメージを持っているのか、その理由を尋ねたところ、**1位は「物件が老朽化して倒壊する恐れがあるから」で66・1％**。2位以下は次のようになっています。

2位：伸びた庭木や落ち葉を放置しているから……53・6％
3位：不審者が住み着くかもしれないから……44・6％
3位：放火されるかもしれないから……44・6％
5位：チラシなどが郵便受けからあふれているから……35・7％

Q.あなたの近所に、空き家はありますか
（単数回答、N＝500）

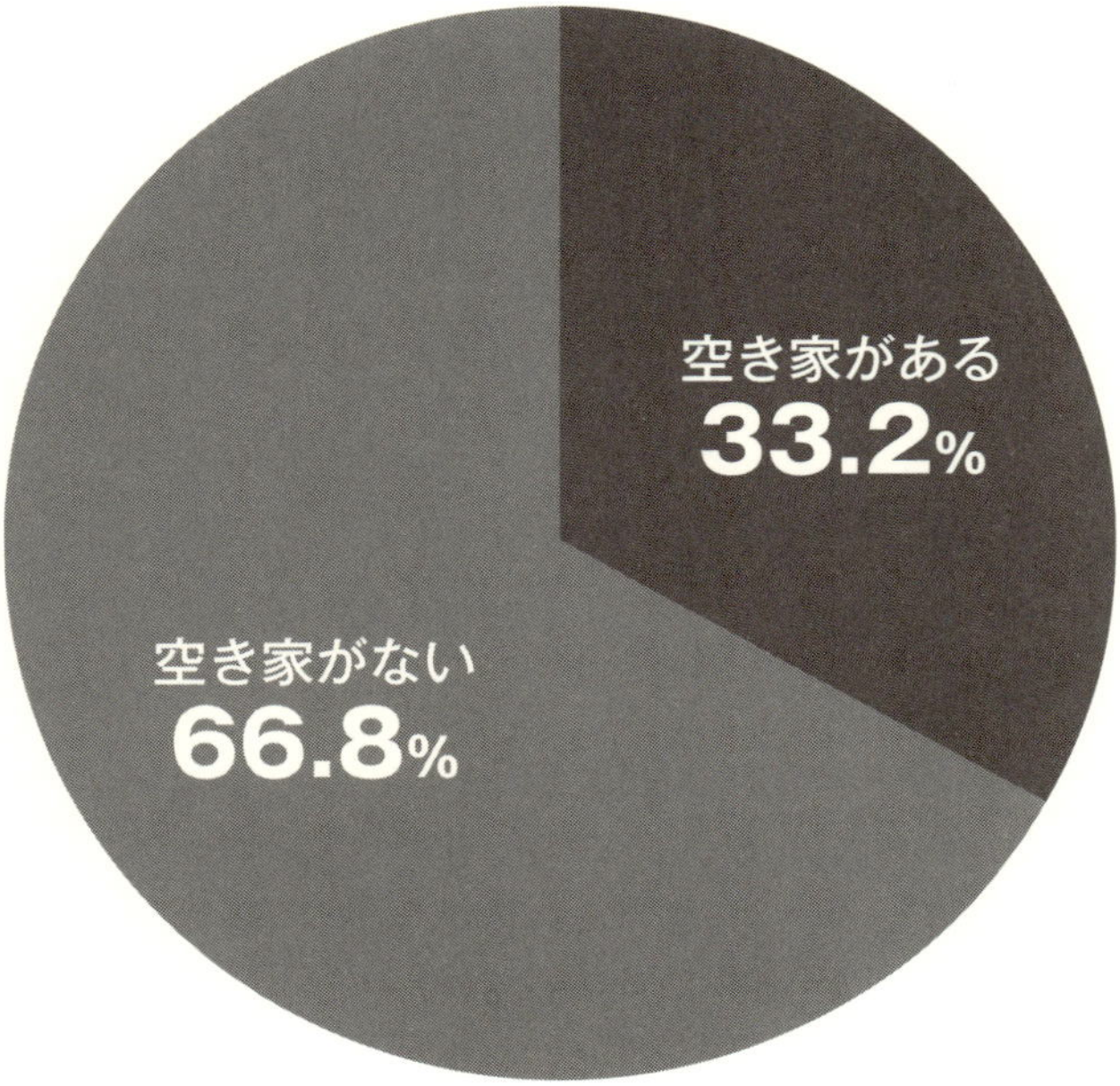

ALSOK の調査より
2015 年 1 月 10 日～ 15 日に全国の親と同居している
30 歳以上の男女 500 人を対象にインターネットで調査

空き家に対し近所の人が望んでいること

では、近所の人たちは空き家をどうしてほしいと思っているのでしょうか。

それに対しては、

1位：家の保全や清掃などの管理をきちんとしてほしい……31・3％
2位：賃貸物件にして、誰かに住んでほしい……29・5％
3位：取り壊して更地にし、土地を活用してほしい……27・1％
4位：売却物件として売り出し、誰かに住んでほしい……26・5％
5位：地域の活性化に役立ててほしい……20・5％

という回答結果となりました。

空き家のままで放置されるのは怖い、責任をもって管理してほしいという切なる願いが読み取れます。

親の家を空き家のままで放置しておくことは、近隣住民に大きな不安を与えます。

家の近所の空き家についてどう思いますか

（複数回答、N=166）

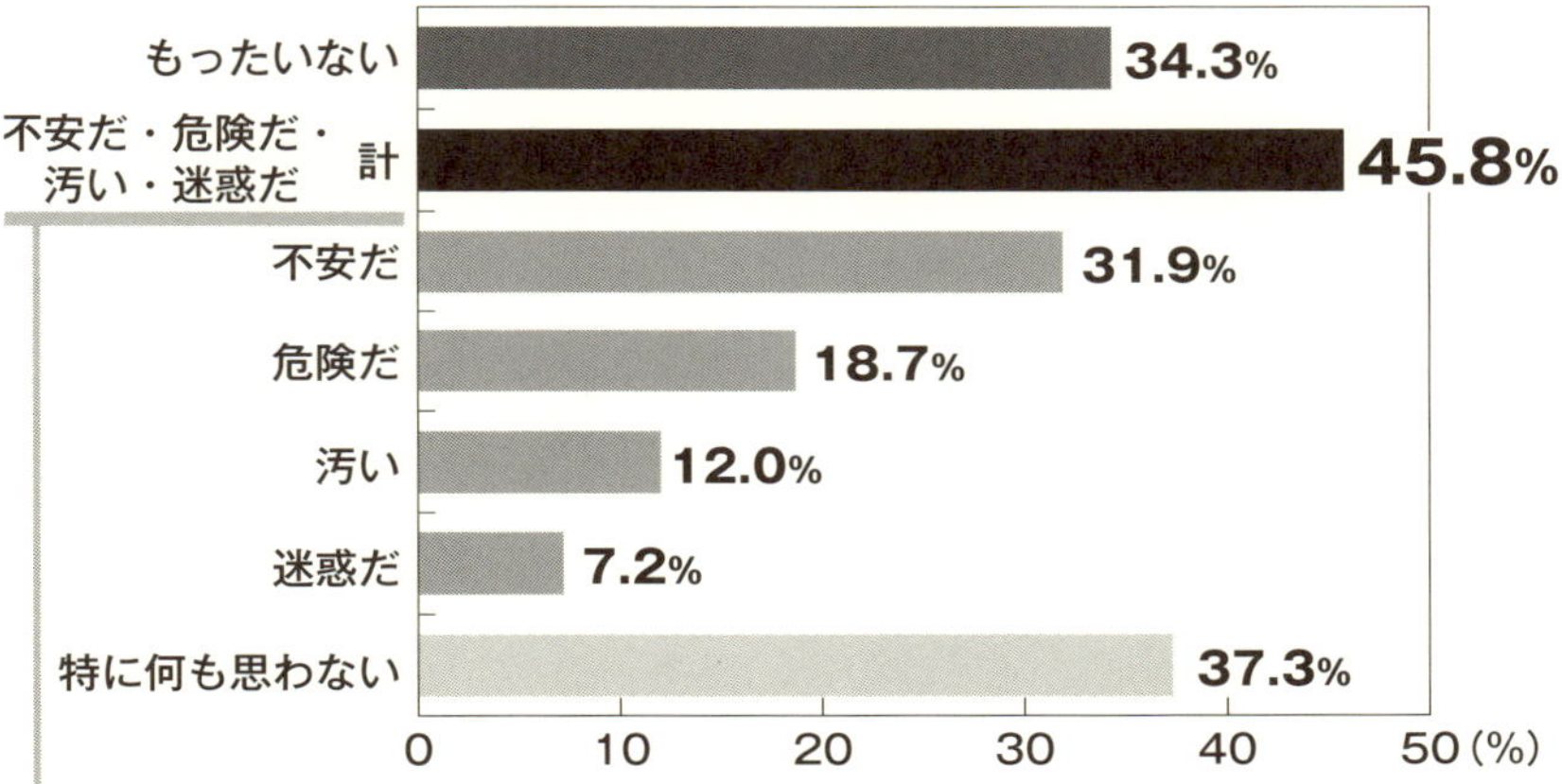

理由

1	物件が老朽化して倒壊する恐れがあるから	66.1%
2	伸びた庭木や落ち葉を放置しているから	53.6%
3	不審者が住み着くかもしれないから	44.6%
4	放火されるかもしれないから	44.6%
5	チラシなどが郵便受けからあふれているから	35.7%

ALSOKの調査より
2015年1月10日～15日に全国の親と同居している30歳以上の男女500人を対象にインターネットで調査

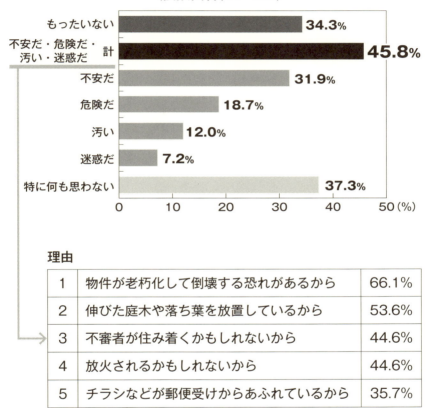

トラブル事例① 瓦屋根の四隅を留める部分が壊れた

実際、私が遺品整理を請け負った案件の中にも、ご近所の迷惑になっている例がいくつもありました。親御さんが亡くなった後、実家に見積もりに行ったところ、屋根瓦を束ねて留める部分が壊れているのを発見。壊れた部分が強風にあおられて今にも飛んでいきそうです。

実際に飛びでもして、道行く人を直撃したら大ごとになるでしょう。当たり所が悪かったら死亡事故にも発展しかねません。

聞けば見積もり前日に、ご近所の人からご依頼人であるEさんに「危なくて見ていられない。何とかしてほしい」と連絡が入っていたとのこと。

火災保険の保険金が下りる可能性があったので、その旨、お伝えしました。

さっそく、保険会社に連絡を取り見てもらったところ、保険金が支払われるとわかりました。

修繕費用は90万円弱。「事故が起こる前に、保険金で対策できたのはラッキーだった」とEさんは胸をなでおろしていました。

トラブル事例①

瓦屋根の四隅を留める部分が壊れた家

空き家になりメンテナンスがされないことで、建物が傷み破損、周りの人や家に迷惑をかける、損害賠償を請求されるなどが起こり得る。

トラブル事例② 崩れ落ちた物置が、隣の家に倒れた！

空き家になっていた親御さんの家の物置が土台から崩れ、隣家の壁にもたれかかった状態になりました。

相続人であるFさんは、隣の家から「何とかしてほしい」と訴えられた当初、そのうちやろうと決め込んでいました。

ところが数カ月後、崩れた物置の一部が隣家の車を直撃。車体に傷をつけてしまったのです。

隣家の主人は「だから『何とかして』と頼んでいたのに、言うことを聞かないからこうなるんだ！　こんな迷惑をかけて！」とカンカンです。

この期に及んではFさんも知らんぷりはできず、物置を撤去。車の修理費と撤去代とを合わせると80万円でした。

「早くに物置を撤去しておけば、車の修理代まで払わなくて済んだのに」と後悔するFさんなのでした。

残された空き家の処理方法

①きょうだいの誰かがその家をもらって住む
②中古住宅として誰かに売る
③建物を解体して更地にして売る

「家には保険をかけておけばいい」と考える方も多いですが、空き家になった家には、住宅向け火災保険は継続できないことがほとんどです。

そのため、保険会社と新たな事業物件用の火災保険に入り直す必要があります。

また、そもそも問題は「保険に入るから解決」というわけではありません。

※参考　NIKKEI STYLE 2017年5月16日
「放置すればリスク大　空き家でも欠かせぬ火災保険」

なぜ遺品整理をしなければいけないか

ここまで適切な時期に遺品整理をしなかった場合のリスクについて見てきました。おわかりいただけたでしょうか。

遺品整理はいつか必ずしなければなりません。

特に一戸建ての場合は、建物を放置しておくことによって、近隣に多大な迷惑をかけることになります。

残された空き家をどうするかは、前ページの選択肢のいずれかになると思います。①のきょうだいのうちの誰かが、その家をもらって住む場合、遺品整理は必要ないかもしれません。それでも負債も含めた相続の問題は残ります。

しかし、②の中古住宅として第三者に売る場合や、③の建物を解体して更地にして売る場合、遺品整理が必要になります。

中には「現況のままで」売却することもありますが、値は安くなります。

更地にする場合、古家の解体が必要になり、解体は家の中のものをすべて撤去した状態で行います。荷物がある状態では、更地にはできないのです。

第2章

遺品整理・実践編

その遺品整理、あなたが引き受けても大丈夫ですか？

遺品整理の開始前に1つだけ、質問させてください。

「その遺品整理、身内であっても『遠い関係』の方のものではないですよね？」

実は私自身、お客様からのご依頼をお引き受けするかの判断に、この基準を用いています。

具体的にはお客様が遺品を残された故人様の生活パターンをよく知っているか、ほとんど知らないかが判断基準になります。

親子でも関係が冷え切っていて、何十年も交流がないご家庭もあるかもしれません。

私が気をつけているのは、ご依頼人と故人様がおじ・おばと甥・姪の関係（法律的に言えば四親等となります）、もしくはそれよりさらに遠い親戚の場合です。

年に1回でも会っていれば、まだ生活ぶりを把握しておられるでしょうが、大昔に会ったのが最後で、亡くなるまでの数年間のことはわからない、ということが多いからです。

このような場合、申し訳ないですがお断りすることがあります。

私のような専門業者でもやらない、ということをお見知りおきください。

「遠い関係」にある親類の遺品整理を引き受けるのはリスク大

リスク１：故人がどのような病気を持っていたかわからない

現場に落ちていた医療系注射針が刺さり、感染する危険がある

リスク２：遺族の知らない借金を抱えていることがある

遺品整理の現場で債権者にからまれるなどの危険も

リスク３：故人に「隠し子」や知らない結婚歴などがある

自分が相続人ではない、遺品整理をするべきでないと発覚することも

「ライフスタイルを把握していない故人」の遺品整理にはリスクがある。そのため慎重に考える必要がある。

放置された医療系注射針が指に刺さり、病気に感染する羽目に

お断りする理由の1つには、故人様がどのような病気を持っていたかわからないということがあります。

遺品整理の現場に、ほかのものに紛れて使用済みの注射針などがあって、うっかり自分の指に刺してしまったら……と考えると恐ろしくてうかつにはお引き受けできないと思うのです。

かつて作業をお請けした看護師さんの話があります。

お母さんも看護師をされていて、看護師長をされていたと聞きました。亡くなった理由を聞いたところ、感染症にかかってしまい、肝炎から肝臓癌になったそうです。

「母は長年看護の仕事をしていて、ある日血液検査に来ていた患者さんの注射針を誤って刺してしまい、感染してしまった」と聞きました。

しばらく元気だったようですが、日に日に体力が衰え看護の仕事も辞めて入院生活を送っていた後に病院で亡くなったと伺いました。

依頼者は医療関係者ですので、万一でも部屋に注射針がないことを確認した後に業者の私に連絡がありました。

以前に糖尿病を患っていた方の部屋でインスリンの注射針が残っていたこともあって、私は必ずご依頼人に「故人様には自己注射するような持病はありましたか？」と確認するようにしています。

もちろん自己注射していた故人様の遺品整理はお断りする、という意味ではありません。

ただ事前に、「注意する必要があるか・ないか」を把握しておきたいだけなのです。「危険物がある」ことがわかっていれば、細心の注意を払い、時間をかけながら進める選択もありますが、知らなければ無防備になるでしょう。

読者のみなさんにもこのような事態が降りかからないとも限りません。

その意味でも、亡くなる数年間の生活状況を知らない人の遺品整理には注意が必要なのです。

借金がある、隠し子……「よく知らない人」の人生に関わるのはハイリスク

２つ目の理由は、故人様に借入金があって、遺品整理の現場で債権者にからまれる可能性があることです。

これは私自身も経験しています。とある遺品整理の現場に着いて車を降りたら、電信柱の影から目つきのよろしくないこわもての男性が私をにらみつけていました。作業を始めたら「お前！　何やってんだ!!」と私を威嚇するではありませんか。聞けば故人様の借金返済が滞っているので取り立てに来たとのこと。

自分は故人様とはゆかりのない、ただ依頼を受けて遺品整理に来ただけの人間であることを説明してわかっていただきましたが、正直言って怖かったです。

３つ目。故人様に「隠し子」がいる場合があります。亡くなった伯母様（お母様のお姉様）の遺品整理を、遠方に住む姪御さんが依頼してきたことがありました。

伯母様は生涯独身で、両親はすでに他界。妹さん（依頼人のお母様）以外にきょうだいがいないので、依頼人のお母様が相続人となります。

お母様はすでに80歳を過ぎているため、その代理として娘である依頼人様が遺品整理の一切を仕切ることになったそうです。

ところが、そこで思いがけないものが見つかりました。姪御さんの見知らぬ小さな女の子2人と写真に納まった伯母様の姿です。女の子たちは伯母様にそっくりな顔をしています。

独身だと信じ切っていた伯母様に結婚歴があり、2人の女の子がいたのです。

このケースで何が問題かというと、子供がいる以上、故人様の財産を相続すべきはその子供たちであり、妹である依頼人様のお母様ではないということです。

勝手に遺品整理をしたことで、後から大きなトラブルにならないとも限りません。

血のつながった実の姉妹でありながら、姉に結婚歴があって子供までいることを妹が知らなかったというのも驚きですが、世の中にはこんなこともあるのです。

まして遠い親戚関係の人がどんな人生を送ってきたかなど、知る由もないでしょう。

このような現場を経験したことから、遠い親戚関係にある人の遺品整理をするときには注意が必要なのです。

もし、どうしてもしなければならないのであれば、故人様の戸籍を取り寄せて相続人（配偶者や子供）がいないかどうか、確認してからの方がよいと思います。

遺品整理の前にやっておきたいこと
Step1 きょうだいの合意を得ておく

親御さんの遺品整理をするときも、1つ注意していただきたいことがあります。もしきょうだいがいるなら、必ず全員の合意を得ておいてほしいのです。遺言で特別な遺産分割の指定がない限り、きょうだいはあなたと同等の遺産相続の権利を持っています。

「自分の方が実家に近いから」など、よかれと思って一人で勝手に遺品整理を進めるのはマイナスです。

後からそれを知ったきょうだいたちから「一人で片付けをしたとき、通帳や現金を見つけて着服していないか？」などと、あらぬ疑いをかけられることもあり得るからです。

「うちのきょうだいは仲がいいから、そんなことあるはずがない」と思われるかもしれません。

きょうだいとはいえ、別々に住むようになってしまうと、お互いの状況は案外わからなくなっているものです。結婚して家庭を持っているにしろ、独身のままでいるに

遺品整理の前にやっておきたい 4つのステップ

Step1　きょうだいの合意を得ておく

合意を得ずに進めると「親の財産を勝手に自分のものにした」と疑われるなど、火種を生む可能性がある

Step2　実家で下見をして、ざっくりと「今後の方針」を決める

まずは実家の現状を把握し、「自分たちがどこまでやるか」を決める

・最初から業者に依頼するか？
・自分たちでできるところまでやり、「これ以上は無理」という段階から業者に依頼するか？
・自分たちで最後まで遺品整理をするか？

Step3　家の下見の際、残っている通帳や現金がないかざっと探す

少し探すだけで、通帳や大量の現金が発見されることがよくある。どのような場所から見つかるかは後述

Step4　ご近所、マンションの管理人に挨拶をしておく

しろ、経済的状況まで正確にはわかっていないのではないでしょうか。きょうだいに弱みを見せたくなくて、お金に困っていることを隠しているかもしれません。

夫のリストラ、子供の進学、あるいはきょうだい本人の借金癖などで、困窮状態にある可能性もゼロではないのです。

親の遺産は、サラリーマンの退職金と並んで、「人生で数回の大金が手に入る機会」ともいわれています。

誰にとっても親の遺産はできるだけ多くもらいたいもの。

「李下に冠を正さず」と故事成語にもあるように、疑いをかけられるような行動は慎みましょう。

「そろそろお父さん（お母さん）の遺品整理をしたいと思うんだけど、一度、一緒に実家に行ってものの量を確認してみない？」と声をかけてみてはいかがでしょうか。

Ｓｔｅｐ２ 実家で下見をして、ざっくりと「今後の方針」を決める

遺品整理に取りかかる前に一度実家へ行き、ものがどの程度あるのかを確認するた

めに下見をすることをお勧めします。

私たちプロも、いきなり現場に入って作業することはありません。お問い合わせをいただいたあと、ご依頼人と一緒に現場へ行き、車をどこに停めることができるか、ものの量はどれくらいかを把握するために下見をします。

もし、**実家の水道と電気を止めているのならば、この段階で復旧させておくといいでしょう**。

実際に作業に入ると、キッチン回りを片付けるときに醤油や油などの液体をこぼしてしまうことがあります。

また電気もついていない暗い室内では、思うように作業をすることができません。

下見にはできればきょうだい全員で行き、「**これらのものを自分たちでどこまで処分できるのだろうか」という目で、ご実家の状況を見るようにしましょう**。

そして以下の3つの選択肢のうち、自分たちはどれを選ぶのか決めます。

①　最初から全部遺品整理業者に任せる

②　やれるところまで自分たちで遺品整理をし、「もう無理」というところまできたら業者に任せる

③　自治体で取り扱っていないもの以外、自分たちで遺品整理をする

①を選んだ場合は、どこに頼むか、依頼先の選定に入りましょう。

一方、②と③のいずれかを選んだ場合、「処分を決めた遺品をどうするか」を決めなくてはなりません。また、大型の家具などが多いと、業者への支払額は割高になります。

処分対象となった遺品は、主に次の3つのうち、いずれかの方法で処分することになります。

①　回収業者に頼んで処分してもらう
②　きょうだいがそれぞれ持ち帰って、自宅のごみ回収の日に出すか、自分の住所地の管内にあるごみ処理施設に直接持ち込む
③　きょうだいの誰かが実家に寝泊まりして、ごみ回収の日に出す

遺品整理で出るごみの捨て方

・回収業者に頼んで処分してもらう

一番無理なく実行できる形なのがメリット
デメリットは業者により金額にばらつきもあり、相場がわかりにくいこと

・きょうだいがそれぞれ持ち帰る

この方法を選択するには
・持ち帰る人が車で来られること
・実家の前（または近く）に車を停めておくスペースがあることが必須
作業中はまったく動かさずに済む場所に停められるのが望ましい

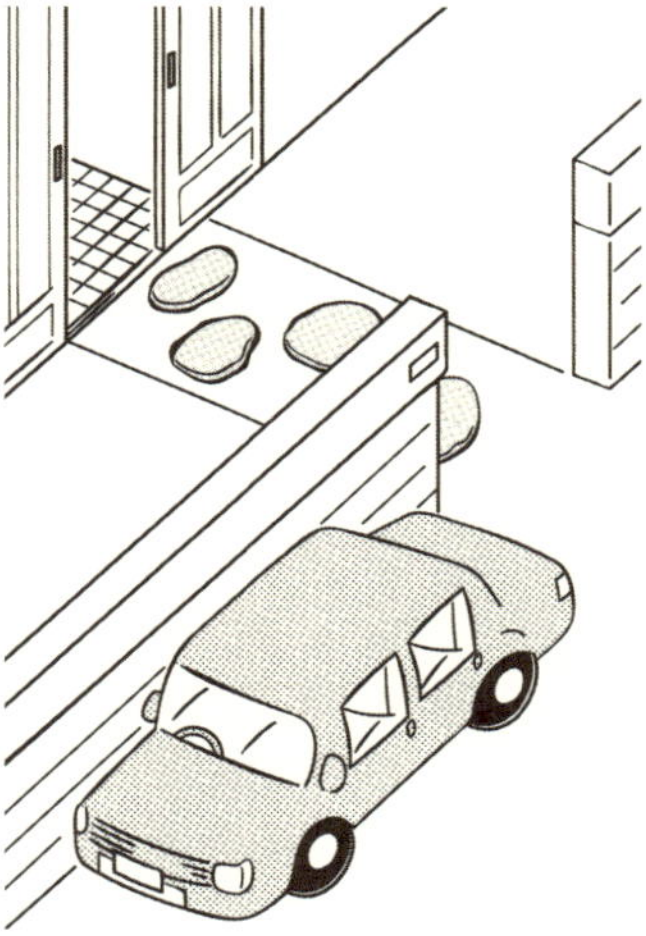

・きょうだいの誰かが実家に寝泊まりして、ごみ回収の日に出す

この形が最もシンプルで費用がかからない。ただしこまめに実家に通い、こまめにごみを捨てる必要がある

ごみの捨て方① 回収業者に頼んで処分してもらう

多少のコストはかかりますが、この方法が一番無理なく実行できると思います。ある程度処分するものがたまったら来てもらうなどするのもいいでしょう。

ただし、業者によって金額にばらつきがあったりします。知人に聞いた話ですが、トラック1台分で3万円と言われたので「それくらいなら」と思って頼んだところ、荷物を全部積み込んだ後で「1台分で3万円というのは、トラックの荷台からはみ出ない高さの場合。今回はだいぶはみ出ているので6万円になる」と言われたそうです。積み込んだ荷物を戻されても困るので仕方なく6万円払ったそうですが、ずいぶんな話だと思いました。

ちなみにその知人は別の業者にも回収の依頼をしたことがあるそうですが、そのときは軽トラック半分を1万円程度で引き取ってくれたということです。

回収の料金には基準がわかりづらいことがあるので、いい業者に当たれば御の字ですが、狡猾な業者に当たると法外な金額を請求される可能性もあります。

業者が来たら、引き取ってもらいたいものを最初に見てもらい、「これでいくらになりますか？」と確認するようにした方がいいでしょう。

ごみの捨て方②　きょうだいがそれぞれ持ち帰る

持ち帰ると言っても、まさか手で持って電車に乗って帰るというわけにはいかないでしょう。となると、この方法を選択するには、

①　持ち帰る人が車で来られること（車を運転できること）
②　実家の前（または近く）に車を停めておくスペースがあること

の2つを満たしていることが必要になります。

なお、自家用車に積める量は、家庭用のごみ袋（45ℓ）で8個から10個程度です。ごみ袋8～10個分は、遺品全体の量からするとほんの少しです。実家があまり遠くなく、頻繁に遺品整理に通えるのであればいいですが、遠い場合は有効な選択肢とは言えません。

また、持ち帰ったものを自宅のごみ回収の日に出す際にも、注意しなければならないことがあります。

少なからぬ自治体で「引っ越しの際に出るごみは一般ごみとして出すことを認めな

い」と言っているからです。

まとめてごみ集積所に出した場合、その自治体が持っていってくれない可能性を否定できません。

心配なら自分で住所地を管轄するごみ処理施設に直接持ち込むという手があります。時間と労力はかかりますが、この方法ならいっぺんに処分できるという点でストレスがありません。

ごみ処理にかかる費用は、1キロあたりいくらで決められていますが、おおむね安価です。


ちなみに私の住むさいたま市の1つの施設では、100キロ未満は無料となっています。100キロ以上だと10キロあたり20円×消費税となり、仮に100キロとした場合は「20円×10+消費税」となります。

ごみの捨て方③　きょうだいの誰かが実家に寝泊まりして、ごみ回収の日に出す

事情が許せば、この方法がある意味、最もシンプルです。費用もかかりません。

ただし、この場合も「大量の引っ越しごみはお断り」という自治体のルールに引っかかる可能性があります。

大量の遺品を一度に出すことができないので、こまめに実家に通って、こまめに出さなければならないというデメリットがあります。

Step3 家の下見の際、残っている通帳や現金がないかざっと探す

ご依頼を受けて入った遺品整理の現場で、私は非常に多くの通帳や現金を発見しています。もし、私が見つけることがなければ、他のものに紛れて処分されてしまったことでしょう。

中には数百万円の残高のある通帳や、数十万円が入っていた封筒もありました。もちろん、通帳や現金が入っている封筒を見つけたからといって、中身を見ることはありません。そのままご依頼人にお渡しするようにしていますが、中を確認したご依頼人の方から非常に感謝されたことが何度もあります。

日ごろ使っていた銀行口座の通帳はすぐに見つかるものです。

親御さんが亡くなった後、ご遺族はそれを持って銀行口座の解約の手続きをしに行

きます。

しかし、亡くなった人が持っているのは、メイン口座の通帳だけではありません。たいていの場合、それ以外にも銀行口座を持ち、その分だけ通帳も持っていることが多いのです。

特に転勤が多かった親御さんや、営業畑でバリバリ仕事をされていた親御さんの場合、転勤先それぞれで口座をつくったり、仕事上の付き合いでいろいろな金融機関にいくつもの口座を持ったりしていることが多いものです。

私の遺品整理１９００件の経験からすると、預金通帳や現金のある場所はだいたい決まっています。

とりあえず下見のついでに、次ページのポイントだけでもチェックしてみてください。

現金がよく見つかる親の遺品

現金が見つかるのは、

・父親の上着のポケット
・母親のハンドバッグ
・旅行のガイドブック（現金がはさまっていることがある）
・リビングのローボードに敷かれた紙やクロスの下
・押し入れの中の布団の下

などが多いです。
一方、預金通帳は

・引き出しの中

にあることが多く、特に

・和室に置かれたタンスの上段

でたくさん見つかります。
これらがとても多いパターンです。

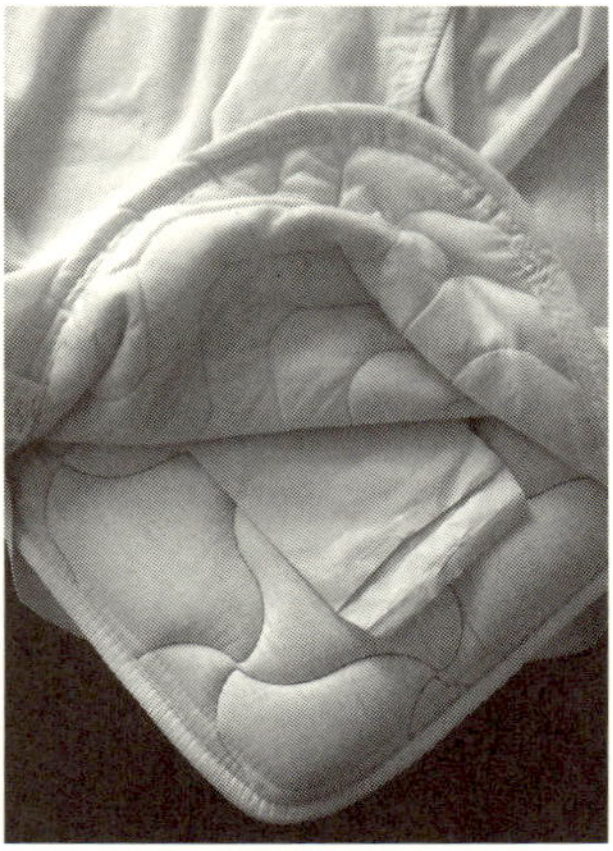

「業者に依頼する」を選択した場合、決めるべきは2つ

遺族が「自分たちで遺品整理をするのはとても無理。業者に頼もう」ということで合意した場合は、業者の選定をします。

業者選びの際、これだけは決めておいてほしいことがあります。それは、

① 何もかも一切合切、早く処分してもらってもかまわない

② 一応、重要なものがないかどうか、確認してもらいながら処分してもらう

いずれを望むのか、はっきりさせておくということです。

これによって頼む業者も、当然のことながら見積もりの金額も変わってきます。

①を選んだ場合、選定は容易です。インターネットなどで、実家に近い業者をいくつか見つけ、見積もりを出してもらうといいでしょう。

メールの返信が速くて丁寧だったり、電話の対応がよかったりする業者で、金額的に折り合いがつく業者を選ぶようにすると、後悔のない遺品整理ができるでしょう。

部屋ごとの遺品整理に必要な人員数と業者の料金の目安

部屋タイプ	作業要員	料金
1DK	2人	70,000円より
2DK	3人	140,000円より
3DK	4人	220,000円より
3LDK	5人	280,000円より

遺品整理の埼玉中央のホームページより
https://ihinshori.com/price.html
※地域によって処分する費用が異なります。故人の荷物量にも反映されますので、あくまで目安としてお考えください。

遺品整理は、しっかり行えば3日はかかることも

重要なものがないかどうかチェックしながら遺品整理、となると、①に比べ業者選びのハードルが高くなります。

率直に言って、「どこまで丁寧にやってくれるか」は、業者の考え方次第です。

私の経験では、3LDKの間取りで荷物の量がそれなりにある場合、1つひとつ中身をチェックしながら整理をするには、三人がかりで3日近くかかることがあります。引き出しや段ボールだけでなく、クッキーの缶の中まで確認するのは時間を要します。また、作業の初日には、そのお客様の大事なものが何か、判断の基準を知るために、お客様と現場で待ち合わせて、できれば作業終了まで立ち会いをお願いします。

実のところ、あまり効率がいいやり方ではありません。お客様からカギを預かって、自分たちで現場に入れるようにした方が、時間の制約がなく動けるからです。

それでも待ち合わせ方式にしているのは、お客様にとって遺品整理は親御さんの生きた証との決別になるので、納得のいくものにして差し上げたいからです。

候補をピックアップしたら見積もりを取ると同時に、「どこまで確認してもらえるか」を尋ねるといいでしょう。

Step4　ご近所、マンションの管理人に挨拶をしておく

下見の際、もう1つしておきたいことがあります。

それは、実家が一戸建て住宅の場合は「ご近所への挨拶」、マンションなど集合住宅の場合は、管理人がいる場合は「管理人への挨拶」、自主管理の場合は「理事長への挨拶」です。

【一戸建ての場合】

第1章でもお話ししたように、空き家になっている一戸建て住宅は、ご近所の人たちに不安をもたらします。

ですから、「これまでご迷惑をおかけしました。○月○日ごろから荷物を出す予定です」と一声かけておくと、ご近所さんたちも安心するでしょう。

もし、車を停める位置がお隣さんにかかったり、お向かいの家の車の出し入れに差し障ったりするようであれば、その点についてもあらかじめお詫びをしておくといいでしょう。

【集合住宅の場合】

事前の「根回し」が作業効率を左右する場合があります。理由は3つです。

①エレベーターや階段の使用の際、住民に迷惑がかかることがある

遺品を部屋から運び出す際、エレベーターや階段を何十回も使うことになります。その集合住宅に住む人に、迷惑になることもあるでしょう。

②両隣、階下の住人から「うるさい」とクレームが入ることがある

1階以外の集合住宅の床は、特にその下に住む人にとっては「天井」です。遺品整理をするとき、どんなに注意していてもそれなりの音が出ます。階下に神経質な人が住んでいた場合、トラブルになる可能性があります。

③駐車スペースが限定される

また車の話で恐縮ですが、駐車スペースをどこに確保できるかで、作業効率が大きく違ってきます。集合住宅の場合、居住スペースと駐車可能な場所が離れていることがままありますが、「大丈夫だろう」と思って安易に近場に停めてしまうと、思わぬトラブルの元になることがあります。

遺品整理開始前の「挨拶」は必須

・一戸建ての場合

近隣の人たちに「これまでご迷惑をおかけしました。○月○日ごろから荷物を出す予定です」と一声かけ、お詫びをする

・集合住宅の場合

①民間のマンションの場合は管理人に挨拶

その際「階下にはどんな人が住んでいるか」「神経質な人がいないか」「車をどこに停めればいいか」「エレベーター内に傷防止用シートが貼られているか」を確認する

②自主管理の集合住宅は理事長に挨拶

行うことは①と同じ

そのほかに「両隣と階下の住民への挨拶」も欠かせない

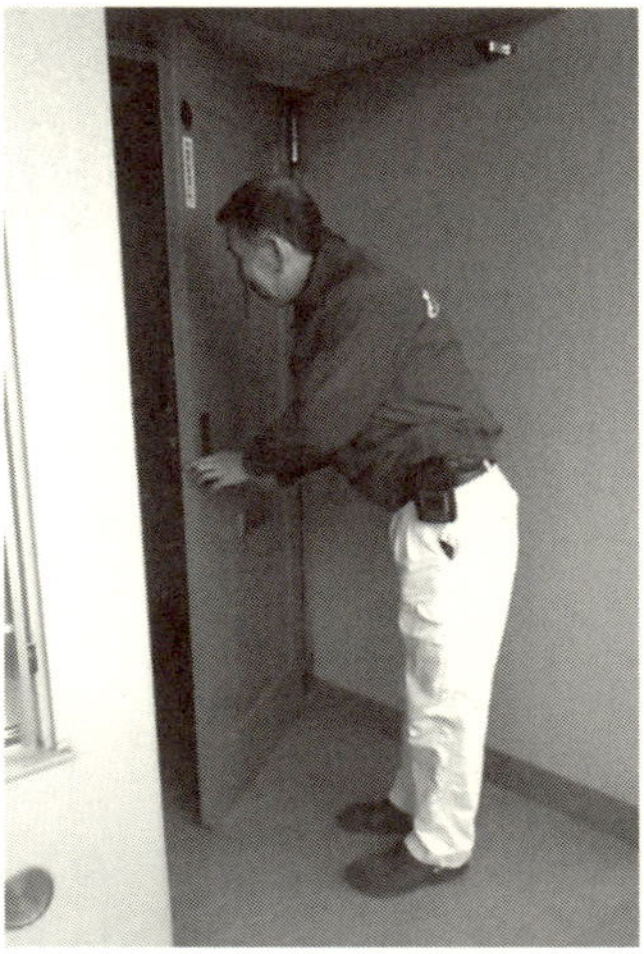

住宅のキーマンに挨拶をすることのメリット

このような事態を回避するために、事前にしていただきたいことがあります。

それは

1．管理人のいる民間のマンションなどの場合は、管理人に挨拶しておく

2．自主管理の集合住宅の場合、理事長に挨拶をしておく

その集合住宅を管理・統括している人に「○○年に亡くなった○○号室の住民の遺族です。遺品整理のため、近々、荷物を搬出することになりました」と事前に予告しておくことが大事なのです。

①　民間のマンションの場合は管理人に挨拶

ある程度の規模の民間のマンションにはたいてい管理室があり、管理人が詰めています。

私の経験から言うと、管理人には細かく目鼻の利く人が多いので、ついうっかり迷惑行為をしてしまうと、あなたを見る目が厳しくなり、その後の作業が非常にやりづらくなります。

ですから最初にできるだけいい印象を持ってもらうことが大切なのです。

管理人は住民に関して多くの情報を持つ「事情通」であり、駐車スペースに関するそれなりの権限も持っているので、味方につけると非常に心強い存在でもあります。

最初にきちんと挨拶して味方になってもらえるようにしましょう。下見の際「私は先ごろ亡くなった○○号室の○○の息子（娘）です。○月○日ごろから○日間の予定で、遺品の処分をしたいと思います」と管理人に挨拶をし、以下の点を確認しておきます。

①　階下にはどんな人が住んでいるか

職業、休みの日はいつかなど、その人の生活パターンがわかるような情報を引き出すといいでしょう。「サラリーマンで土日が休み」ということがわかれば、気兼ねなく作業ができる平日を選ぶなど、作業スケジュールが立てやすくなります。

②　神経質な人がいないか

人が大勢集まると、神経が過敏な人もいます。事前に情報を得ておけば、その人の部屋の前は通らないとか、やむなく通る場合は物音が出ないように気をつけるなど、対策を立てることができます。

③　車をどこに停めればいいか

先ほどから何度も車の話をしていますが、それくらい「車がどこに停められるか」は作業効率に関わってくるものです。事前に話をしておけば、来客用駐車場を確保してもらえたり、場合によっては特別にマンションの入り口付近に駐車させてもらえたりする可能性があります。

④　エレベーター内にフェルトなど傷防止用のシートが貼られているかどうか

貼られていない場合は、そのままの状態で作業をしてもいいか、あるいは自前で養生シートを用意して貼った方がいいか、確認するようにしましょう。

このように「ご迷惑をおかけしないよう、配慮しながら作業したいと思います」とアピールしておくと、心証がぐんとよくなります。

場合によっては「○月○日、○○号室の荷物搬出があるので、エレベーターの使用回数が多くなります。ご了承ください」など、掲示板で告知してくれたり、駐車場の便宜を図ってくれたりと、こちらの作業がやりやすくなるよう、協力してくれる場合があります。

私は管理人に挨拶したとき、その人の飲んでいるもの（缶コーヒーなど）や、たばこを吸う人であれば銘柄をさりげなくチェックするようにしています。

そして作業の始まる前に管理室に立ち寄り、そのときに目に入った飲み物1ダース、たばこ1カートンなどを「ご迷惑をおかけしますが、よろしくお願いします」と差し入れるようにしています。

少々お金はかかりますが、これで気持ちよく作業ができると思えば安心です。

② 自主管理の集合住宅の場合は理事長に挨拶

団地や小規模な民間マンションなどの場合は、住民でつくる管理組合があれば理事長に挨拶しておくようにしましょう。

理事長が誰かわからないときは、実家の隣の人などに教えてもらうようにします。

挨拶の際、「1．民間のマンションの場合」と同様のことを確認しましょう。

集合住宅で作業する場合の共通のルール

1．両隣と階下の住民への挨拶

下見の際、管理人もしくは理事長に挨拶を済ませたら、両隣、階下の人にも会っておくことをお勧めします。階下の人が勤め人の場合、気兼ねなく作業をするために、「お休みはいつですか？」と聞くといいでしょう。

その人の勤務日に作業をするようにすれば、こちらもやりやすく、先方に迷惑をかけることもありません。私は、階下の人がお休みの日に作業をする場合は、スタートを午前9時以降にするようにしています。誰もが休みの日はゆっくり寝ていたいものです。それが朝早くから頭の上でガタガタやられると、迷惑になるからです。

2．集合住宅の住民への配慮

朝早くから作業し、早く終えたいところですが、自分たちの都合で決めてはいけません。あくまでも「住民に迷惑をかけない」が基本スタンスです。遺品整理は、どうしてもエレベーターを使う回数が多くなるものですから、私は、通勤・通学の人でエレベーターが混み合う午前8時30分より前は、作業を行わないようにしています。

また、よその家の前を通るときは大きな物音を立てない配慮も必要です。

遺品整理をするときに、あると便利なもの

大きく作業効率が変わります。事前に用意をしておくようにしてください。

①ごみ袋

処分するものをどんどん入れます。注意すべきは「その処分品をどこでごみとして出すか」です。地方自治体によってごみの出し方が異なり、専用のごみ袋でないと捨てられない自治体があるからです。

例えば三姉妹で遺品整理をするとして、この三人が異なった自治体に住んでおり、それぞれ自分の自治体に持ち帰って処分する場合、それぞれの自治体のごみ袋が必要になる可能性があります。

実際にやってみると、家庭用の45ℓのごみ袋は、あっという間にいっぱいになってしまいます。「多いかな」と思えるくらいの量を用意しておくといいでしょう。

②段ボール箱

作業の現場では、処分するものはどんどんごみ袋に入れます。しかし、中にはアル

バムや懐かしい人からの手紙、大事にしていたアクセサリーなど、「処分するか・残すか」の判断がすぐにできないものが出てきます。それらを入れておくものです。

③軍手

何が入っているかわからない袋の中や、タンスの上や押し入れの天袋など、何があるか見えないところのものを降ろすときに使います。袋の中には鋭利なものが入っている可能性が、タンスの上や押し入れの天袋には、ご先祖様の遺影が入っていることもあります。しかも遺影を入れた額のガラスが割れているケースが非常に多いです。

④運動靴

足元に危険物が潜んでいる可能性があること、スリッパでは滑って転ぶ危険性があることから、室内の作業ではあっても、運動靴を履くことをお勧めします。

私たちも「大変失礼ではありますが、作業効率をよくするために、運動靴を履くことをお許しください」とお客様の許可をいただき、室内でも運動靴で作業することがあります。

遺品整理をするときに あると便利なもの

・ごみ袋
・段ボール箱
・軍手
・運動靴
・マスク
・ドライバー、六角レンチ、ビニール紐、はさみ、カッターなど

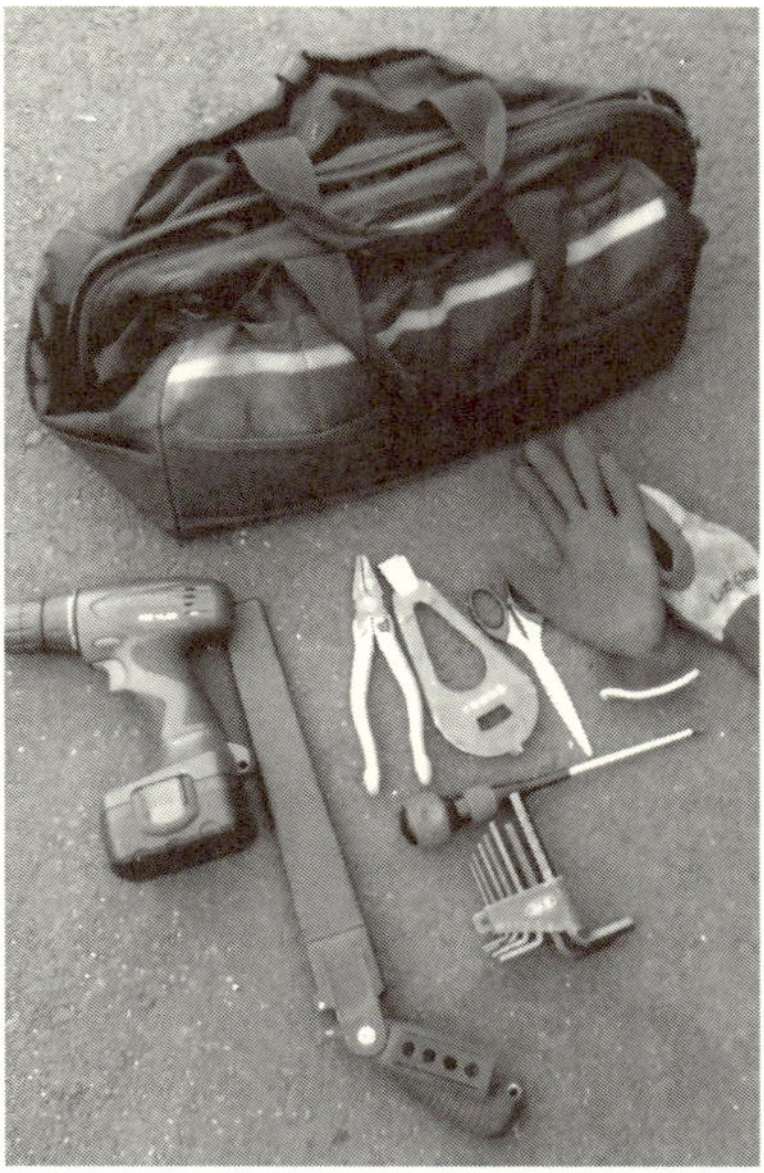

抵抗があるならば運動靴の裏をきれいに拭いておき、それでも「土足のままでは……」と思う方は、作業着を売っているお店などで売っている作業用の靴を買うといいでしょう。

ものであふれ床が見えないような部屋の場合、買って忘れている蛍光灯が紛れていることがあります。知らずにその上に乗ると足を切ってしまうこともあるので、床が見えない状況では素足の作業は避けましょう。

⑤マスク

放置された家の中は、ほこりがたまったり、カビやネズミの糞があったりして、不衛生な状態になっています。作業をするときは必ずマスクをするようにしましょう。

私は目の粗いものと細かいもの、2種類のマスクを携行し、その場で使い分けをするようにしています。カビがひどい場所では目の細かいものを使うといいでしょう。

なお、人目につく場所でのマスク着用には注意が必要です。マンション内や近所から「あやしい人がいる」「やましいことをしているのではないか」といった声が寄せられることがあるからです。

⑥ドライバー、六角レンチ、ビニール紐、はさみ、カッターなど

遺品整理は床の作業スペースが広ければ広いほど、効率が上がります。ドライバーや六角レンチを使って、部屋の中で床面積の多くを占めているテーブルやベッドを解体して、広いスペースを確保します。新聞や雑誌、本などをまとめるためのビニール紐と、それを切るためのはさみやカッターも必需品です。

遺品整理時の服装について

汚れてもいいもの、どこかに引っかかって破けても後悔しないようなものを身に着けるようにしましょう。

また、動きやすさは必須です。

高いところに手を伸ばしたり、しゃがんだりするときにきゅうくつな感じがしないくらいのサイズのもので、伸縮性のある素材の服を選びます。

ゆとりのありすぎる服はかえって動きにくかったり、袖口が広い服は袖が何かに引っかかったりして危険なことがあります。

体につかず離れずの、動きやすいサイズのものを選びましょう。

また作業をしていると汗をかいてべとつきやすいので、速乾性の素材のものを選ぶのもいいでしょう。

夏場は特に汗が噴き出てくるので、頭や首にタオルを巻いて、すぐに拭けるようにしておけるようにしてください。

遺品整理時の服装

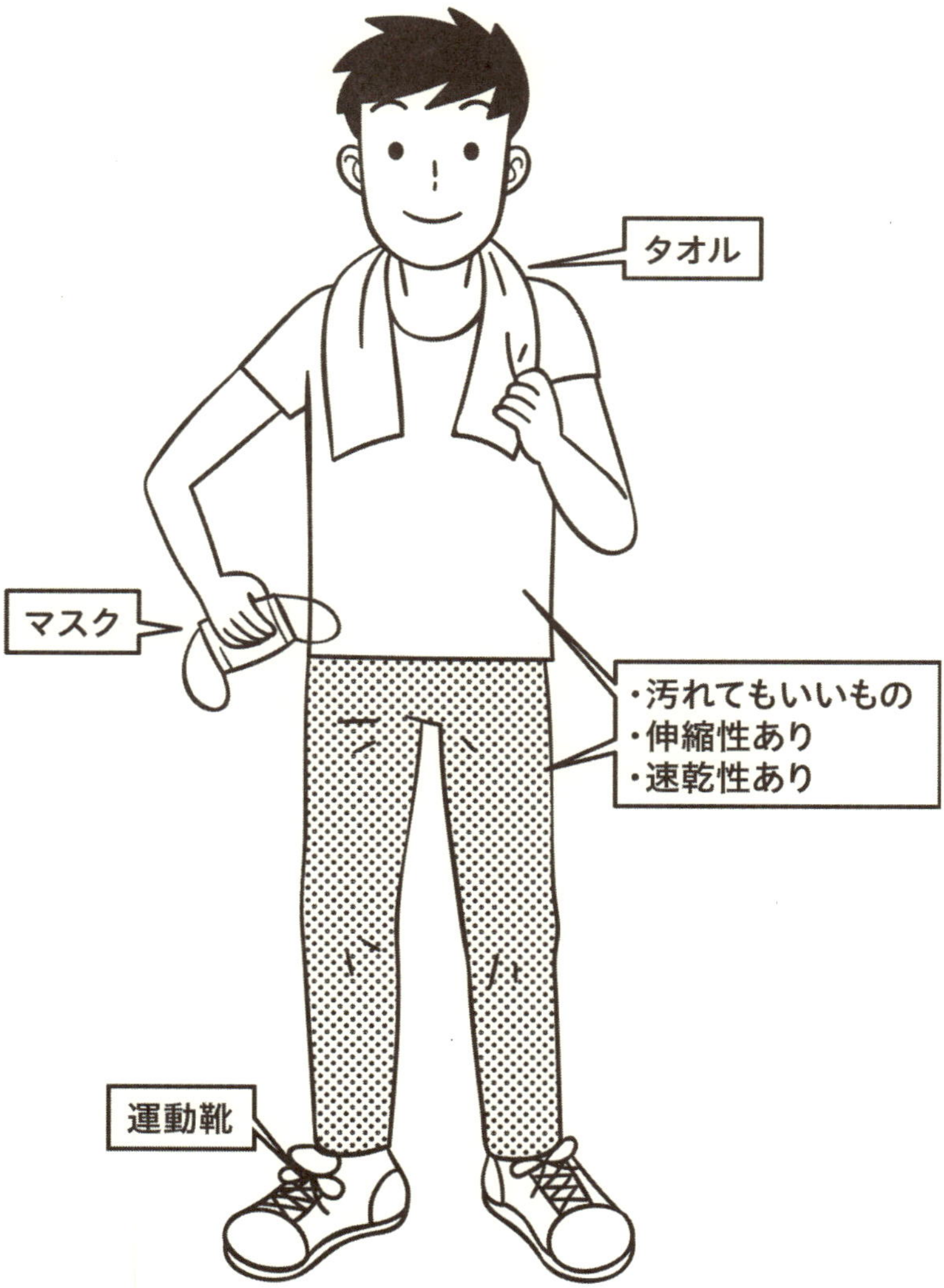

作業手順は2つのルールを厳守

いよいよ、遺品整理の当日がやってきました。

準備が整ったら、作業に入りますが、まず、次の2つのルールを心に留めておくようにしてください。このルールを守ることで、作業効率がアップします。

ルール1　玄関～廊下のものを全部出して、通り道を確保する

まずは、通り道を確保しなければなりません。

玄関のたたきや玄関ホール、廊下に置いてあるものをなくしていきましょう。一戸建ての住宅であれば、玄関先か庭に一時置きします。

集合住宅の場合、特殊なつくりの場合を除いて、基本的に玄関前は共有スペースになります。あまり望ましくはありませんが、管理人の方にひとこと言って一時的に玄関前に置かせてもらうことができれば作業がはかどります。

まずは通り道を確保する

ルール2　玄関に近い部屋から整理をしていく

部屋の整理は、

玄関　↓　玄関に近い部屋　↓　奥の部屋　↓（2階建て以上の住宅であれば）2階の踊り場　↓　2階の階段近くの部屋　↓　2階奥の部屋……

と「玄関の近くから遠くへ」と進んでいくのが鉄則です。

ルール3　複数で作業する場合は、一人一部屋担当ではなく、全員で同じ部屋の作業をする

たとえば三姉妹で遺品整理をする場合、一人一部屋ずつ担当すれば早く終わりそうな気がするかもしれません。

しかし実際にやってみるとわかりますが、遺品の量は思っているよりも多いので、一人で作業しているとなかなか終わらず、疲れてモチベーションが下がってきます。

それよりも全員で1つの部屋に集中するほうが、はるかに効率はアップします。

これからご紹介する作業プロセスで作業スペースを確保しながら進めていきます。

玄関に近い部屋から整理をしていく

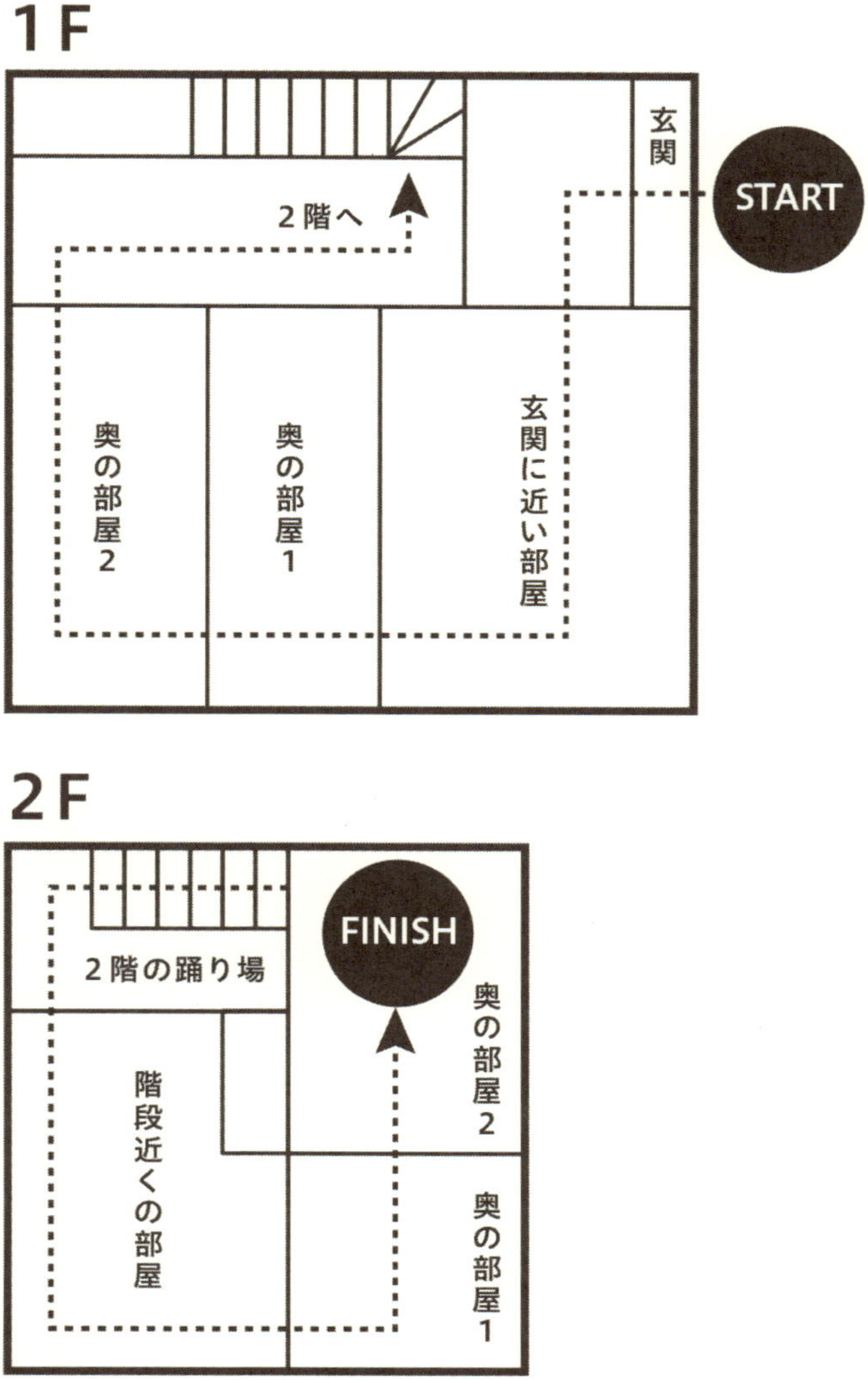

ルール４　処分品は、自分たちで決めた処分方法で分別しながら整理する

きょうだい各自が自宅に持ち帰って処分する場合は、それぞれの自治体のごみの分別に従ってごみ袋に入れていきます。

ごみ袋が指定されている場合、その自治体に住む人が持ち帰らなければなりません。これを手間と感じるのであれば、**「回収業者に持って行ってもらう」**に、**やり方を変更した方がいい**でしょう。だいぶ楽になるはずです。

ルール５　処分するか取っておくか、判断に迷ったものは、段ボールの「とりあえず箱」に入れる

遺品整理が進まないのは、ところどころで懐かしいものが出てきて、それを処分するか取っておくか、とっさの判断ができずに、手を止めてしまうからです。

これをやってしまうと、作業効率が著しくダウンします。

判断に迷うものは、段ボール箱に入れて、すべての作業が終わってから改めて検討するようにしましょう。

遺品整理に適した季節とは？

遺品整理をするのは人生初、という方が多いことでしょう。親御さんとの決別を意味するこの作業には、どうしてももの悲しさがつきまといます。

だからこそ、「どんな気候のときに行うか」が重要になってきます。

もっとも、親御さんの終の棲家が賃貸住宅だった場合、すぐに家を引き払わないと家賃がかかり続けますから、選択の余地はないでしょう。

一方、持ち家で相当量の荷物がある場合は、遺品整理の期間に制限がないという利点を生かして、「やりやすい時期」を選ぶことをお勧めします。

私の経験上、なるべく避けた方がいいのは冬の寒い時期です。

遺品整理は窓を開け放した状態で行うのが理想的です。長い間、空き家になっていた室内は、空気がよどんでいます。また、作業を行っているときにカビやほこりが舞い上がることもあります。

その空気をどんどん外に出しながら作業するのには、窓を開けっぱなしにしておくしかないのです。

しかし、冬にこれをやると、寒さで体力が奪われて疲れやすく、作業効率がよくありません。

真夏の暑いときも同様です。もし季節を選べるなら、春か秋にするといいでしょう。

また、少なくとも遺品整理の初日は、お天気のいい日を選ぶことをお勧めします。雨の日に窓を開け放つと湿気が入ってきますし、何よりも気持ちが滅入って、モチベーションが下がってしまうからです。

ただでさえもの悲しさを誘う遺品整理という作業が、ますます悲しく切なく、疎ましいものに思えてくる可能性が高くなります。

遺品整理にはモチベーションの維持が大きな課題となるので、せめて初日はカラッと晴れた日を選び、幸先のいいスタートを切りたいものです。

この5つのルールを心に留めつつ、玄関に近い部屋から順番に整理していきましょう。

各部屋の整理をする場合も、効率のいいプロセスがあります。では、そのプロセスをご紹介しましょう。

プロセス1　「下から上へ」の順にチェック・処分する

各部屋の遺品整理は、

①　一番下＝床に直置きされたもの
　↓
②　机やテーブル、こたつなどの上のもの
　↓
③　タンスや本棚の上のもの

というふうに、下から上の順に行います。

なぜ床から始めるかというと、床にものがあることによって、足を引っかけて転倒する恐れがあるからです。また、上からの落下物にもお気をつけください。

遺品整理は①→③の順で行う

安全に作業するために、まず床の上のものを片付け（＝ごみ袋に入れ）、次に机やテーブル、こたつの上、タンスや本棚の上と進んでいきます。

壁にかかっているもの（絵や写真、洋服など）も合わせて整理していきましょう。

このとき注意してほしいことが２つあります。

①　こたつなど、脚が外せるものは外しておく

②　引き出しや本棚、タンスの中のものは、この段階ではまだ出さないようにする

①は、作業スペースをできるだけ広くするためです。次のプロセス２で、机の引き出しや本棚、タンスの中のものを床にあけて、中身を見ながら処分する作業をします。このとき、スペースが広ければ広いほどやりやすくなるので、テーブルなども脚が外せるものはドライバーや六角レンチなどで外しておきます。

ベッドがある場合は、解体できるところまで解体するようにして、作業の邪魔にならないよう、部屋の隅に置くようにします。

部屋の整理の際は「危険物の置き場所」を決める

各部屋の整理をする場合、こたつの足を外すドライバーを使ったり、本や雑誌をビニール紐でまとめる際にカッターを使ったりと、刃物類をそばに置いておく必要が出てきます。

その際、くれぐれも注意していただきたいのが、「床に置きっぱなしにしない」ことです。

運動靴を履いていれば大事には至らないかもしれませんが、疲れて思わず床の上に座ってしまうこともあるでしょう。

そんなときお尻の下にドライバーやカッターがあったら……考えただけで怖くなります。

まず部屋に入ったら、どこに刃物を置くかを決め、全員がそれを認識しておくこと、そして刃物を使ったら、必ずその場所に戻すようにすることが大切です。

椅子の上とか、背のあまり高くないチェストの上など、「この部屋ではこの場所に刃物類を置く」という作業者のルールを最初に決めるようにしましょう。

この段階で部屋を見渡してみてください。

家具以外に目につくものは、何もなくなっていることでしょう。

これでＯＫです。

プロセス2　引き出しや本棚、タンスの中のものを整理する

さて、とりあえず目につくものは何もなくなりました。床も広く空いています。

この状態だと、引き出しの中などのものを床に全部出して整理することができます。

ではさっそく、やってみましょう。

引き出し、本棚の本、タンスの中のもの、と順番に出しては整理し、出しては整理し、を繰り返すようにします。

一度に全部出してしまうと、ものの量に圧倒されて、一気に疲れが出ます。

順番に1つずつ整理する、が鉄則です。

このとき、**まだ押し入れの中には手をつけないようにに**してください。

引き出しや本棚のタンスの中のものを整理する手順

プロセス3　押し入れの中のものを整理する

さて、家具の中のものも全部整理できました。

次はいよいよ、この部屋の最後の砦、押し入れの整理にかかります。

押し入れの中には、非常に多くのものが収納されているため、全部一度に床の上に出すと大変なことになってしまいます。

中段、下段、上段、天袋の順に1つずつ攻略していくようにしましょう。

中段からがよい理由は、下段と上段からものを取り出すときに一時的にそのスペースに置くことができるからです。

天袋は高い位置にあるため、目で見ながらの作業が難しい場所です。ガラスつきの額に入れられたずっと昔のご先祖様の遺影などが収められていることが多いので、手をケガする可能性があります。

必ず軍手をつけて作業するようにしましょう。

プロセス1～3で、まず玄関に一番近い部屋の整理が終わりました。

あとはルール2に沿って、玄関に遠い部屋に向かって順番にこのやり方を繰り返していけば、実家の遺品整理の主要な部分が終わります。

押し入れの中の整理はまず中段から。次に①〜③の順

いかがでしょうか。やれそうな気がしてきませんか？

私が思うに、遺品整理で挫折するのは、着手する手段などがわからないからです。

多くの人は、部屋の整理というと、「まず押し入れから」と考えるようです。先ほどもお話ししたように、押し入れの中には実に雑多なものが詰め込まれています。ご自分のことを考えてみてください。

「これ、どこにしまおうかな？」と迷ったとき、とりあえず押し入れにしまうのではないでしょうか？

親御さんも同じように、判断に迷ったものをすべて押し入れにしまい込んだのです。その「とりあえず」の蓄積が押し入れの中身で、おびただしい量のあれやこれやが詰まっています。ここから始めるのが、一番のミステイクです。私がご紹介した

①　下から上へ（床から天井に向かって）

②　引き出しなどは1つずつ

③　押し入れは1段ずつ

というプロセスを踏むようにすれば、ストレスなく整理ができるはずです。

ぜひお試しください。

「デジタル遺品」の取り扱い方

ここ数年で増えてきたものに「デジタル遺品」があります。

まさかパソコンなど使うはずがないと思っていた親御さんの部屋からパソコンが見つかり、「うちの親はこんなものを使いこなせていたんだ！」と驚かれる方がけっこうな数、いらっしゃるのです。

そんなとき、私はお客様に「中身をご覧になった方がいいかもしれませんよ」と申し上げるようにしています。

もしかしたら、インターネットバンキングの口座を持っていて預金をしていたり、インターネット証券で株の取り引きをしたりしているかもしれないからです。

思いがけない財産がそこに残されている可能性もあれば、FXの取引などをしていて負債が増えていっている可能性もあります。

何年か前、家族に内緒でインターネットを通じてFXの取引をしていた男性が急死し、遺族の知らないうちにマイナスがどんどん増えていって、最終的に遺族が1500万円なにがしを支払わなければならなくなった、というニュースを耳にしました。

大変恐ろしいことですが、デジタル遺品をめぐっては、このようなトラブルもすでに発生しているのです。

もし親御さんの遺品の中にスマホやパソコンがあったら、一度、中身をチェックしておくことをお勧めします。

ただし、最初の入り口のパスワードがわからず、入れない可能性があります。

その場合は、専門の業者に頼んで、パスワード解除をしてもらうといいでしょう。

私がお客様に「デジタル遺品のデータを復旧・調査してくれる業者はいないか」と言われたときにご紹介しているのが、デジタルデータソリューション株式会社です。

同社のホームページに、データ復旧サービスを利用したお客様の声が載せられています。

第3章

親の家のたたみ方

完全な「空き家」になった家、どう活用する？

親が残した最大の遺品、それは「親の持ち家（その他、不動産含む）」です。
遺品整理が済んだら、

① きょうだいの誰かが住む
② 売却する
③ 第三者に貸す

のいずれかを選択することになります。

マンションの場合、いずれの手段を取る場合でも、比較的シンプルです。建物そのものを解体する必要がないからです。②や③でも、室内をリフォームすれば足ります。戸建て住宅の場合は、マンションほどシンプルにはいきません。比較的新しかったり、古くても立地がよかったりする場合は、リフォームをすれば売却できたり、借り手がついたりする可能性はあります。

しかし老朽化が進んでいる場合、売却も賃貸も難しくなるので、建物を解体して更地にする必要が出てきます。更地にするとなると、別途解体費用がかかってしまいます。

親の家のたたみ方

① きょうだいの誰かが住む
② 売却する
③ 第三者に貸す

ポイント

- マンションの場合、建物そのものを解体する必要がなく、予算や手間をかけるとしても室内をリフォームすれば十分

- 戸建て住宅の場合、比較的新しかったり、古くても立地がよかったりする場合は、リフォームをすれば売却できたり、借り手がついたりする可能性はあるが、老朽化が進んでいる場合、売却も賃貸も難しく、建物を解体して更地にする必要があり、別途解体費用が発生する

- 交通の便が悪く、人口が減っている地域では、買い手がつきにくく、売れなければ固定資産税を払い続けることになる可能性がある

- よほど交通の便がよい場所でない限り、自治体は土地の寄付を受け入れていない

- 一番買ってくれる可能性があるのは、隣の家の人。まずは実家のお隣の人に「実家の土地を手放そうと思うのですが、買っていただけませんか？」と尋ねてみる

「空き家バンク」が活用できるかも

それでも売れるような土地であればいいですが、交通の便が悪く、人口が減っている地域では、買い手がつかず高い固定資産税を払う羽目にならないとも限りません。

「いらない土地は、自治体に寄付すればいい」と考える方もいるでしょう。

しかし、今は自治体もよほど交通の便のいいところでない限り、寄付を受けません。

買ってくれる可能性があるのは、隣の家の人です。まずは実家のお隣に「実家の土地を手放そうと思うのですが、買っていただけませんか？」と尋ねてみてください。

また近年、地方自治体による〝空き家バンク〟の取り組みが進みつつあります。行政が空き家対策として、地元の人から空き家情報を募集し、「地方に移住したい」「地方に住んでみたい」と思っている人たちに情報を発信する取り組みです。

一部の若い人たちの間に、「田舎暮らし」をして「昭和レトロな家に住む」というライフスタイルを好む層が存在します。マッチすれば、売却できず借り手のつかない実家を活用できるかもしれません。自治体に問い合わせてみてください。一般社団法人　移住・交流推進機構のＪＯＩＮというサイトで、空き家情報や地域の仕事情報、自治体が発信する地域おこし協力隊員の募集などが掲載されています。

政府が進める「空き家対策」

●地方自治体による「空き家バンク」

・「移住したい」「地方に住んでみたい」と思っている人向けに情報を発信。空き家を利用する人を募集する

・「田舎暮らし」「昭和レトロな家に住む」ライフスタイルを好む若い層に訴求

・自治体の他に一般社団法人移住・交流推進機構のJOINは、空き家情報や地域の仕事情報、自治体が発信する地域おこし協力隊員の募集などを掲載
https://www.iju-join.jp/

空き家は国の抱える問題としてさまざまな策がとられている。国の制度も積極的に利用したい。

親の家の名義は本当に親？

あなたの親御さんの家の名義人は誰なのか、ご存じですか？

「え？　もちろん自分の親でしょ？」と思われる方が多いことでしょう。

親御さんの代で購入した住宅であれば、その可能性が高いですが、親の親の代からの家の場合、そうとも限りません。

親が亡くなって相続が発生しても、家の名義変更（これを「相続登記」と言います）を「いついつまでにしなければならない」という法律的な縛りはないからです。

たとえ、昭和30年代に亡くなったあなたのおじいさんの名義だとしても、何の不思議もないのです。しかし、名義を書き換えないまま放置しておくと、いざ家を処分したいと思ったときにスムーズに売却できない事態に直面します。

以前、大手不動産会社から、名義変更を済ませてから売却するのが手順と聞いたことがあります。そしてその不動産の名義が亡くなった人のままだと、買い手も「相続トラブルがあって、面倒なことに巻き込まれるのでは？」と警戒するのです。

また、登記簿上、自分たちよりも何代も前の人の名義になっている場合、相続人がピラミッド状に増えています。

たとえば、祖父の名義のままだった場合、相続人はあなたたちきょうだいだけでなくおじ・おばとその子供たち（あなたから見た場合いとこ）まで含まれます。

人が増えるということは、いろいろな意見が出るということであり、つまりはもめる要素も増えるということです。

言葉は悪いですが、「あなたも相続人の一人です」と言われて、「それならもらえるものはもらっておこう」と欲を出す人もいないとは限らないのです。

また、相続登記にはさまざまな書類が必要になりますが、相続人の数が多ければ多いほど、集めるべき書類の量も増え、かなりのものになります。

相続登記に必要な書類（取材協力：司法書士法人小澤綜合法務事務所）

まず、最初に相続登記をするために準備する書類を紹介します。次ページのとおりです。

（1）亡くなった親の書類

②は亡くなったときの住所地の市町村ですぐに入手できますが、①の「親の出生から死亡までのつながりのわかる戸籍謄本」は入手に時間がかかることがあります。

「最後の戸籍に出生の記録（生年月日）が記載されているのだから、それで事足りるのでは？」と思われるかもしれません。

そうではないのです。日ごろ、住民票はともかく、戸籍が必要になること自体があまりないので気づきにくいですが、実は戸籍は何度もつくり替えられています。

そして現在の戸籍制度では、婚姻や転籍（本籍地を変える）・法改正などによる戸籍のつくり替えによって本籍が変わった場合、前の戸籍の内容をすべて新しい戸籍に書き換えることはしていません。

したがって、ほとんどの場合、「死亡時→出生時」を戸籍でさかのぼるには、数種類の戸籍が必要になるのです。

相続登記に必要な書類

（1）亡くなった親の書類

① 出生から死亡までの
つながりのわかる戸籍謄本

② 住民票または戸籍の附票

③ （取得時の権利証
➡ 場合により必要となることがある）

（2）相続人（子供）の書類

① 相続人全員の戸籍謄本

② 相続人全員の住民票

誰か一人が相続する場合

③ 遺産分割協議書

④ 相続人全員の印鑑証明書

（3）相続不動産に関する書類

① 名義書き換えをする不動産の全部事項証明書

② 名義書き換えをする不動産の
固定資産税評価証明書

取材協力：司法書士法人小澤綜合法務事務所

たとえば、亡くなったときの本籍が東京都武蔵野市、婚姻時の本籍が新潟県新潟市、出生時の本籍が岩手県盛岡市のMさんという人がいたとしましょう。

この人の出生時から死亡時までのつながった戸籍を取り寄せるには、それぞれ東京都武蔵野市、新潟県新潟市、岩手県盛岡市にそれぞれ戸籍を請求しなければなりません。岩手県盛岡市の戸籍を東京都武蔵野市で取ることはできないのです。

遠方の場合、「戸籍の請求理由」を記入した申請書と、亡くなった人と自分の関係を証明する書類（戸籍または相続関係説明図のコピー）、所定の金額の郵便小為替（戸籍抄本の場合４５０円、除籍謄本の場合７５０円）と、切手を貼った返信用封筒を同封して請求先の市区町村あてに郵送します。

戸籍の集め方についてご説明してきましたが、今一つよくわからない、と感じる方も多いことと思います。

まずは、親御さんの最後の本籍のある市町村役場の住民課などで、「相続登記のために親の戸籍を集めたい」旨、尋ねてみてください。

窓口の方が、ていねいに教えてくださいます。

戸籍を取り寄せるだけで
一苦労のケース

Mさん

亡くなったときの本籍が東京都武蔵野市
婚姻時の本籍が新潟県新潟市
出生時の本籍が岩手県盛岡市

↓

それぞれの地域に戸籍の請求が必要

戸籍の請求に必要なもの

・戸籍の請求理由を記入した申請書
・亡くなった人と請求者の関係を証明する書類
・所定の金額の郵便小為替
・切手を貼った返信用封筒

これらを請求先の市区町村に郵送する。
まずは関係や距離の近い自治体の役所に相談する。

(2) 相続人(子供)の書類

①「戸籍謄本」と②「住民票」は相続人全員が、それぞれ用意します。

もし、最初から不動産を売却する予定があるのなら、誰か一人を名義人として、その旨を記した③「遺産分割協議書」を作成します。

「誰か一人が相続してしまったら、その人だけがトクするのでは?」という心配は、よほど仲の悪いきょうだい以外は不要です。

なぜわざわざ一人を名義人にするかというと、不動産の購入を検討する人は、登記名簿に複数の人の名前が記載されているのを嫌がる傾向があるからです。

せっかく買い手がつきそうになっていたのに、複数名義であるがゆえに敬遠されて売れなかった、となるのはもったいないことです。

そのため、よほどお互いが信頼できないなどの理由がないのであれば、代表者一人の登記名義にしておいた方が無難です。

その場合も、高齢の方や深刻な病気を持った方を選ぶのは避けた方がいいでしょう。不動産の売却までの間に亡くなったり、認知症を発症したりというリスクが生じます。実際にそうした事態が起こってしまうと、またやり直しになってしまいます。

相続登記の段取り

① 相続人全員の「戸籍謄本」と「住民票」を用意する

② 不動産売却をする予定が最初からあるのなら、誰か一人を名義人として「遺産分割協議書」を作成する

③ 遺産分割協議書に登記名義人のほか、売却代金の分け方などを記載する

④ 遺産分割協議書提出の際は「相続人全員の印鑑証明書」を添える

相続人（子供）が用意する書類

① 戸籍謄本

② 住民票

相続人全員がそれぞれ用意する

不動産を売却する予定があるならば、
誰か一人を名義人として

③ 遺産分割協議書

を作成する

↓

遺産分割協議書の名義人は
一人にすることが重要

登記名義人が決まったら、「遺産分割協議書」にその旨、記載します。売却代金の分け方も記載しておくといいでしょう。

遺産分割協議書には、相続人全員の署名と実印の押印が必要です。

また、提出する際には、④「相続人全員の印鑑証明書」も必要になります。

遺産分割協議書は決められた書式はありませんが、相続財産である不動産を誰が相続するか決めることになる、とても重要な書類です。

少しでも間違いがあると無効になる可能性があります。

ひな形を掲載しておきますので、参考になさってください。

遺産分割協議書

平成○○年○○月○○日被相続人甲の死亡により開始した相続につき、被相続人の遺産を次の通り分割することに協議が成立した。

1　相続人Aは、次の不動産を相続する。

○○市○○丁目○○番

宅地　○○・○○㎡

2　相続人Aは、上記1の財産を取得した代償として、相続人Cに対し、金○○万円を不在者財産管理人Dが指定した株式会社○○銀行○○支店のC名義普通預金口座No○○○○宛に振り込み支払う。

平成○○年○○月○○日

○○市○○町○○番地
相続人　A　㊞

○○市○○町○○番地
相続人　B　㊞

○○市○○町○○番地
相続人・不在者　C

○○市○○町○○番地○○号
不在者財産管理人　D　㊞

（3）相続不動産に関する書類

①　不動産の「全部事項証明書」とは、以前の「登記簿謄本」と同じもので、不動産登記簿に記載されているすべての内容が表示された書類です。

全部事項証明書には、所有権の移転や抵当権の設定・抹消など、その不動産の過去の履歴も記載されています。

全部事項証明書は、わざわざ法務局へ足を運ばなくても、オンラインで請求手続きをすることもできます。

オンライン請求をしたい場合は、法務局のホームページから入ってください。

②「固定資産税評価証明書」は、固定資産税の課税対象になっている不動産について、その評価額を証明するものです。

毎年送られてくる固定資産税の納税通知書とは異なり、対象不動産のある市町村役場に自ら請求することで取得できます。

対象不動産が遠方にある場合は、その不動産がある市町村役場に取得方法を問い合わせてみましょう。

不動産の相続に必要な書類

・全部事項証明書

不動産登記簿に記載されているすべての内容が表示された書類

法務局で申請するほか、法務局のホームページからオンラインで請求手続きをすることも可能

・固定資産税評価証明書

固定資産税の課税対象になっている不動産について、その評価額を証明するもの

対象不動産のある市町村役場に請求し取得。取得方法は市町村ごとに異なるので問い合わせが必要

（4）相続登記の手続き時に必要な書類

「登記申請書」には、決まった書式はありませんが、法務局のホームページにテンプレートがあります。

登記申請の際には、登録免許税を納税しなければなりません。登録免許税は収入印紙を購入して納めるので、その印紙を貼りつけるための紙が必要になります。

何も書いていないただの白紙で大丈夫です。

書類が全部そろったら、親御さんの不動産を管轄する法務局で名義変更の手続きをします。

申請書と合わせて必要書類を添付し、登録免許税を納めて申請します。

書類等に不備がなく、すんなり受け付けてもらえた場合でも、完了まで1～2週間はかかるものと思ってください。

完了後、権利証（登記識別情報通知）が発行されます。この権利証（登記識別情報通知）は紛失すると、再発行ができません。大切に保管するようにしてください。

登　記　申　請　書

登記の目的　　所有権移転
原　　　因　　平成　　年　　月　　日相続
相　続　人　　（被相続人　　　　　　　　　）

添付書類
　　　　登記原因証明情報　　　住所証明書　　　代理権限証書
　　　　資格者代理人の事務所へ原本還付書類の送付を希望します。
送付の方法により登記完了証の交付を希望します。
送付先の住所
送付の方法により登記識別情報通知書の交付を希望します。
送付先の区分

平成　　年　　月　　日申請　東京法務局○○出張所

代　理　人　　東京都○○区○○町○丁目○番○号
　　　　　　　　　　司法書士法人Ａ
　　　　　　　　　　（会社法人等番号　○○○○-○○-○○○○○○）
　　　　　　　　　　社員　○○○○
　　　　　　　　　　　　　電話番号　○○-○○○○-○○○○

課税価格　　金　　　　　　円
登録免許税　金　　　　　　円
不動産の表示
　　所　　　在
　　地　　　番　　　　番
　　地　　　目　　宅地
　　地　　　積　　　　　　　　平方メートル
　　　　　　　　　　この価格　金

取材協力：司法書士法人 小澤綜合法務事務所

手続きを誰かに頼むとしたら？

ここまで読んできて、「相続登記の手続きは大変だなあ」と思われた方が多いことでしょう。用意しなければならない書類が多く、煩雑であることは否めません。

法務局には相談窓口があり、そちらで相談すると丁寧にやり方を教えてもらうことができるため、比較的時間があってまめな人なら自力で十分対応できますが、忙しくて時間が取れない場合は、第三者に委託してしまうのも1つの手です。

特に遺産分割協議など、専門的な知識が必要な場合は専門家に任せた方がスムーズです。数代前の名義の相続登記や、相続人の数が多い相続は、誰が相続人なのか判断するのが難しいものです。専門家にお願いした方がいいでしょう。

インターネットで「相続登記　代行」といったキーワードで検索すると、おびただしい数のサイトがヒットします。相続登記に欠かせない戸籍謄本の取得が職権でできるのは、弁護士、司法書士、行政書士、税理士、社会保険労務士、弁理士など、いわゆる「士業」の人たちです。

専門知識も要るので、相続登記を専門に扱う司法書士に依頼するのが安心です。

相続登記の手続きを
代行してもらえる専門家

●戸籍謄本の取得が可能な職業

・弁護士
・司法書士
・行政書士
・税理士
・社会保険労務士
・弁理士　など

●相続登記を専門に扱う職業

・弁護士、司法書士

⬇

代行可能な専門家は多数いる。実際の手続きを考えると、費用面に加え相続登記を扱う件数の多さから、司法書士に依頼するのが最適。

不動産を売却する場合の選択肢は2つ

これで名義変更ができて、売却への足がかりを固めることができました。

残る選択肢は

① 更地にして売却する

② 建物つきのまま売却する

の2つです。

ではこの2つのメリット・デメリットを見ていきましょう。

① 更地の場合

・**メリット**

不動産を買う側にとっては、更地であるがゆえに、すぐ建物を建設できたり、建物の解体費用がかからなかったりといったメリットがあります。

したがって、「買い手がつきやすい」のが最大のメリットです。

不動産売却の手段は主に２つ

① 更地にして売却する

・メリット
買い手がつきやすい

・デメリット
固定資産税の評価額が高くなる
解体の費用がかかる

② 建物つきのまま売却する

・メリット
解体費用がかからない

・デメリット
更地に比べて買い手がつきにくい
建物の瑕疵がトラブルに発展する可能性も

**建物の状態や、周辺の相場と照らし合わせて
どちらの手段を取るか決める。**

・デメリット

更地にすることで、固定資産税の評価額が高くなります。古い家を解体することによって、支払う税金は3～4倍ほどに増えてしまうため、売れるまでの期間が長ければ長いほど、固定資産税負担が重くなるのです。

また、解体の費用がかかるのもデメリットと言えます。その分を販売価格に加算することはできますが、解体に関する一時的な持ち出しは必ずあります。

また、解体後には建物滅失登記が必要になります。

② 建物つきの場合

・メリット

解体費用がかからないのが最大のメリットです。

家の解体費用は坪単価3万円くらいが相場となっています。30坪なら90万円、50坪なら150万円～です（立地条件により費用が割高になります）。

その分の費用負担がなくなるのが「古い家つきで売る場合」のメリットとなります。

また、税制面でもメリットがあります。古い家は財産価値が低く、それがあることによって固定資産税や都市計画税の軽減措置を受けることができるのです。

・デメリット

その不動産を買う人の目的が土地購入だった場合、古い家を解体するという作業が必要になります。その分のコストは買い手負担になるため、更地に比べて買い手がつきにくいというデメリットがあります。

また古い家つきで売却する場合、建物に瑕疵《かし》（欠陥）があって、それがトラブルになる可能性もあります。その場合、「瑕疵担保責任」といって、売り主が責任を負わなくてはならない可能性も生じます。

このように一長一短があるので、一概に「どちらがいい」とは言えません。建物の状態や、周辺の相場と照らし合わせて決めるといいでしょう。

売却の段取り

親の家を売却する場合、まずは売却を手伝ってもらえる不動産業者を見つけましょう。あまたある不動産業者ですが、業者によってやり方も費用も変わってくるので、注意が必要です。

私の知り合いの税理士さんは、大手の不動産業者にご自宅売却を依頼したそうです。大手という安心感と、全国展開している会社だったので、値付けという点で確実な相場観を持っているだろうというのが決め手になったということです。

今回、この本を書くにあたり、改めて不動産業者の選び方についてお尋ねしたところ、「信頼できる業者さんが近くにいるのであれば、その方に相談してみたり、物件のそばの業者さんに聞いてみたりするのもいいでしょう」とのことでした。

最初に相談した業者に必ず売却を依頼しなければならないわけではないので、まずは相談から始めてみてはいかがでしょうか。

値付けは、不動産市況を前提に、その物件の立地や状況などを踏まえて、近隣の取り引き物件の相場を元に、業者が提示してくれますが、インターネットでも近隣の相場がわかるので、あらかじめ自分で確認したうえで、業者と話すようにするといいでしょう。

・売却に必要な書類

物件の種別（一戸建てかマンションかなど）を問わず共通したものと、種別ごとに必要なものとがあります。

〈共通して求められる書類〉取材協力：司法書士法人小澤綜合法務事務所

・身分証明書、実印、印鑑証明書、住民票

売り主本人の確認書類で、物件がきょうだいなどの共有名義となっている場合は、共有者全員のものが必要となります。

住民票は、登記上の住所と現住所が異なる場合に必要です。印鑑証明書と住民票は、発行から3カ月以内のものを用意しましょう。

・登記済権利証または登記識別情報通知

「登記済権利証」は、法務局から登記名義人に交付される書類です。売却する物件が平成17年以降に取得したものである場合は、これに代わって「登記識別情報」が発行されている場合もあります。

・固定資産税納税通知書および固定資産税評価証明書

最新のものを用意しましょう。

〈一戸建ての売却に必要な書類〉

・土地測量図、境界確認書

どこからどこまでが売却対象か、対象面積は何㎡か確定するために必要な書類です。古い土地の場合、境界線が未確認なことがあります。あらかじめ隣接する土地の所有者に話をして測量の了解をもらい、測量図をつくっておくようにします。

・建築確認済証および検査済証、建築設計図書・工事記録書など

建築確認済証や検査済証は、その物件が建築基準法にのっとって建築されていることを証明する書類です。

建築設計図書や工事記録書は、法的な手続きに関する書類ではありませんが、これ

を見ることでどのように設計・工事が行われたかわかるので、買い主がその物件を維持管理したり将来のリフォームに備えたりする際に有益な情報となります。

〈マンションの売却に必要な書類〉

・管理規約または使用細則、管理費・修繕積立金・管理組合費・町内会費などの書類

管理規約や使用細則は、マンションがどのように維持管理されているのか、ペットの飼育の可否など、マンションのルールがわかる書類です。

また、管理費などに関する書類は、買い主にとって維持費などのランニングコストがわかる書類となります。

〈コラム〉ありがたくない遺品

遺品整理をしていると、いささか物騒なものが出てくることがあります。

その1つに「軍刀」があります。私はこれまで現場で何度かお目にかかりました。

和室の戸袋の奥に、風呂敷に包まれていたケースが2回、戸建て住宅の庭の物置に、新聞紙にくるまれていたのが1回、クライアントさんと同居していた故人様の部屋の整理の際に出てきたのが1回の合計4回です。

ほとんどが中国から日本に戻る際のもので、各地を歴戦したメモがつけられていました。どのような状況下だったのか、どのような経緯があってそこにあるか知る由はありませんが、ひっそりと置かれていた痕跡がありました。

ご遺族が遺品整理をしているときに見つけてしまったら、さぞ驚くことでしょう。パニックに陥ってしまい、どうすればいいのかわからなくなることと思います。

私が見つけた4回のケースでも、クライアントさんは全員40代以上の女性でしたので、本物の刀と知ったとたんに、唇を震わせて脅えていました。

刀を許可なく所持していると、銃刀法違反になってしまうので、警察に届け出なければいけません。

電話をすると、覆面パトカーに乗って、知的な雰囲気を持ったスーツ姿の警察官が2人でやって来ます。故人様と遺品整理現場にいるご遺族のことを聞かれるままに話すと、警察官たちが警察署に電話し、警察内にある情報と照らし合わせて確認します。

そして写真を撮り、手慣れた様子で引き取っていきます。

所要時間は40分くらいでしょうか。

話の種にはなりますが、作業が中断されるので、私にとってもありがたい遺品とは言いかねます。

最終章

「生前片付け」はどうあるべきか？

「生前整理」の無理強いは逆効果

この章では、これまで数多くの遺品整理の現場で経験したことを踏まえ、生前整理について私の思うところを書いていきます。

親御さんがご存命の方はもとより、すでに親御さんを亡くされている方も、ご自身の行く末に思いを馳せながらお読みいただければと思います。

今、盛んに「親の家の片付けをしよう」と言われています。

子供としては、老いて体力・気力とともに認知能力が落ちてきて、捨てるべきものを全部取っておく親御さんの姿を見て、「こうはしていられない！」と思ってしまうのは無理ないことです。

親御さんがいなくなった後、「これを片付けるのは自分なのだ」と思うと、黙っていられないのも理解できます。

そして親御さんに、「いらないものを捨てて！」と迫ってしまうのです。

ただ、私はそういうやり方にいささか疑問を持っています。

生前整理が
親子の断絶を生んでしまうことも

というのも、これによって親子の仲が険悪になり、仲直りできないまま親御さんが亡くなってしまったケースをたくさん見聞きしているからです。

私が遺品整理のお手伝いをしたあるお宅は、東京23区内のとても交通の便のいい場所にありました。

ところがお話をうかがってびっくりです。

亡くなった80代のお母様と、相続人であるたった一人の娘さんは、10年以上も断絶状態にあったというのです。

その原因となったのは、娘さんがお母様に家の片付けを迫ったことでした。

旧家だったため、もともと先祖伝来のおびただしいものがあったうえに、年老いてからのお母様はものへの執着が強くなり、なんでもかんでもため込む一方になったのだとか。娘さんとしては、とても黙って見ていられなかったのでしょう。

しかしそれは、お母様を激怒させる結果となりました。

カンカンに怒ったお母様は、娘さんに家の出入りを一切禁止したばかりでなく、電話をかけてきても絶対に出ないという徹底拒絶で応戦したのです。

一度、こじれた仲を修復することは不可能でした。そして関係を改善することもできないまま、お母様は他界。すでにお父様は亡くなっているので、残された家族（相続人）はすでに結婚している娘さんだけです。

葬儀が済んで遺品整理のために、十数年ぶりに実家に足を踏み入れた娘さんは、お母様の遺言を見つけました。

そしてその内容を見て、激しい衝撃を受けます。

なんと、そこには「家屋敷は、居住している◯◯区に寄付する」と書かれていたのでした。

自治体に電話したところ、お母様は生前に必要な手続きをすべて済ませていたことがわかりました。

実家のある場所は駅至近の一等地。娘さんにとっては生まれ育った懐かしい家です。一人娘にそれを相続させず、自治体に寄付してしまうとは……お母様の怒りがいかに激しいものだったか、ご想像いただけることでしょう。

そして、娘さんがその事実を知り、どれほど自分を責め、苦しんだことか……片付けを迫ったことが、こんなにも悲しい親子の永遠の別れを招いてしまったのです。

「どうして捨てたくないのか」その理由に思いを馳せよう

これは極端な例ですが、似たような話はたくさんあります。親御さんが自分の生きてきた軌跡を否定され、プライドを傷つけられ、子供に心を閉ざしてしまうのです。

今の80代以上の方は、戦後のもののないときに青春時代を送り、戦時中のつらい記憶から「もの」に対する思い入れがほかの世代よりもはるかに強い傾向があります。高齢で認知力が衰え、必要なものとそうでないものも区別できにくくなります。

さらに不安感も強まり「今は自力で買い物に行けるけど、この先どうなるかわからない」と、ティッシュや缶詰などを買い込みます。買った当時の思い入れもあります。だから、親御さんの片付かない家の中を見たら「こんなにものに囲まれていないといられない、つらい時代を知っているんだな」「こんなにものを取っておかずにはいられないほど不安なんだな」と思ってあげてください。きつい表現になりますが、ただ「処分しろ」と迫るのは、親御さんの気持ちにまったく沿わない残酷な行為です。

それが親御さんの心を傷つけ、閉ざさせてしまう原因になります。

ケンカ別れのまま、親御さんが認知症になったり、先ほどのように死に別れになったりしたら悲しすぎます。片付けを無理強いすることはやめるようにしてください。

「ものを捨てて」と言うのではなく「どうして捨てたくないのか？」を考えよう

**「処分して」と言うのは逆効果。
頑なになったり、
拒絶されたりする原因にも**

80代以上の人は「もの」に対する思い入れが強く、
ものがないことに対する不安も大きい

↓

**親の家が片付かないのは「多くのものがないと不安な時代を生きてきたから」
それを処分しろと言うのは、その不安をさらに強め、怒りを買うことにもなる行為。**

親が「大事にしているもの」を知っておく

ここで、第1章でお話しした「遺品整理が大変な理由」を思い出してみてください。「親が生きた証との最後の決別」になるからでしたね。親御さんが生前持っていたものの何もかもを処分しなければならない、と思うから起こる感情です。

逆に言うと「これだけは残してほしい」という親の意向がわかってさえいれば、遺品整理は気分的にずっと楽なものになります。

だから、親御さんに「もう使わないでしょ！　だから片付けて！　どんどんいらないものを捨てて！」と迫る代わりに、「一番大事にしているものは何？」と尋ねるようにしてみてください。

それこそが「形見の品」です。それさえ大事に取っておけばいいことがわかっていると、「ほかのものを処分する際の負担」が和らぎ遺品整理の際の混乱が少なくなります。

時間があるときに実家を訪ね、世間話のついでに親御さんが一番大切に思っているものを見せてもらい、それにまつわる思い出話も聞かせてもらいましょう。

子供が自分に興味を持ってくれるのは、年老いた親にとって何より嬉しいものです。

親の思い出話には、「これは結婚前にお父さんが出張に行ったときに買ってきてくれたブローチ」など、これまで聞いたことのないご両親の昔話が聞けるかもしれません。

これと同じことが、あなた自身の生活にも言えます。

あまりものに固執せず、なんでもどんどん処分できる人は別として、多くの場合、年齢を重ねるにつれて処分しようにもできないものがどんどん増えていきます。

自分にとって本当に大切なものと、差し当たって処分はできないけれども、それほど重要でもないものとを分けておく習慣をつけておいてはいかがでしょうか。

その習慣は、後々必ず役に立つことでしょう。

親の交友関係を聞き出しておく

これは少々、遺品整理とは違ったカテゴリの話になりますが、大事なことなので記しておきます。

親御さんの「一番大事なもの」を見せてもらったとき、「お父さん（お母さん）に何かあったとき、誰に連絡してほしい？」と聞いておいていただきたいのです。

ずっと親の近くにいたり、日ごろから電話などでやりとりする機会が多かったりする場合は別として、長く離れていた子供は親の交友関係を知りません。

今は親戚との関係も薄くなっていますから、身内にどんな人がいるかがわからないケースも多いのではないでしょうか。親戚・ご近所さん・学生時代の友人・趣味の仲間など、親御さんと親交のあるグループにどんなものがあるか知っておきましょう。

さらにはそのグループの代表者らしき人をつきとめ、その人の連絡先をリサーチしておけると安心です。

現在、80歳以上の方の場合、家の電話のそばに親交のある人の電話番号を書いた紙が貼ってあることが多いものです。連絡先の手がかりになるので、もし実家で見かけたら、スマホなどで撮影しておくことをお勧めします。

写真を見せてもらってさりげなく遺影候補をチェックする

縁起でもない話と思われるかもしれませんが、実際問題として親が亡くなったとき、遺影にふさわしい写真を探し出すことができず、手近にあったもので済ませてしまったという話をよく聞きます。

実家を訪ねたとき、親御さんに「最近撮った写真を見せて」とお願いして、見せてもらうようにしてみてください。親御さんらしさがよく出ている写真があったら、画像データなどでもらっておくようにしましょう。

もし、あまりいいものがなかったら、親御さんを「一番好きな場所」にお連れして、写真を撮ってあげるといいでしょう。さぞかし喜ばれることでしょう。

そしてあなた自身にも、とてもいい思い出になることと思います。

人としてこの親の元でこの世に生まれてくるというのは、すごいことだと思います。

今、時代は「血族だけが家族ではない」という方向にも動いています。人口が減っていることもあり、血族だけでは支えきれない時代になってきているのは事実です。

しかし長年遺品整理のお手伝いをしてきた私は、その作業を通じて血族ならではの絆に触れ「いいものだなあ」と感じ入ることがしばしばあります。

その思いを最も強く感じたのが、ある遺品整理の現場でのことでした。

亡くなった親御さんの遺品整理をしていたとき、その上の代に当たるおじいさんから、クライアントである女性に向けた「時を隔てた贈り物」が出てきたのです。

クライアントの女性は、おじいちゃんと仲がよく、子供のころおじいちゃんが大切に集めた切手をよく見せてもらっていたそうです。

おじいちゃんはそれが嬉しくて、かわいい孫娘に自分が楽しみに集めた切手のコレクションを託したいと思ったのでしょう。それが何十年もの時を隔てて、おじいちゃんの次の代の遺品整理のときにひょっこりと出てきたのです。

そのとき、クライアントの方が流した感激の涙を、私は忘れることができません。

遺品整理の仕事をしていてよかったと、心から思いました。

遺品整理は大変な作業ですが、それを通じて親御さんの人生に思いを馳せてみると、懐かしい思い出がたくさん蘇ってくることでしょう。

それはきっと、これからを生きるあなたを励ましてくれるに違いありません。

親御さんの人生のしめくくりとなるこの作業が、あなたの心に豊かな愛をもたらすものとなることを、心から願っています。

◯◯ちゃんへ

おじいちゃんの切手コレクションを譲ります。
趣味としての切手収集家になってください。
切手の収集は世界の国々を知るよい方法です。

昭和四十七年◯月◯日

おじいちゃんより

おわりに

「何もない部屋はこんなに広いのですね」

お客様が、すべての遺品がなくなった光景を見て、部屋を見渡した際に思わずよく口にする言葉です。そこに至るまでには、初めて経験する遺品整理に戸惑いながらも、何とかしなければと思う気持ちと、なかなか着手できなかった思いが伝わってきます。

そしてお客様は最後に、懐かしそうに窓から外の景色を見ています。

冒頭で「親の家は親の生きた証」とお伝えしましたなかで、遺品のなかには形見として受け継がれていくものも多くあります。ひとり暮らしをしていた父親が、娘が訪ねてくるときに料理をつくりたいと思い、手書きのレシピを綴っていたノートが発見され、それを大切に持ち帰った方もおられました。時には負債の記録が出てくることもありますが、故人の部屋には資産を含め、たくさんの遺品があります。

それぞれの人が歩んだかけがえのない人生があります。

遺品の整理を進めていくと、両親がどんなことを大切にしてきたか、今まで知らなかった親御さんの一面がわかることがあります。
そのため、気持ちの区切りがひと段落ついた時点でできるだけ早いタイミングで整理をした方がいい、故人の方の部屋を訪れるたびに実感しています。

最後に相続、家の売却のことで長時間にわたり取材協力いただいた司法書士法人小澤綜合法務事務所 小澤覚代表、アポロアイシーティー株式会社の岩永美香様、古田雄介様、また本書の刊行にご尽力いただいた関係者の皆様に感謝の意を表します。

遺品整理は最後のお別れの場です。迷ったときにどのように対処したらいいか、今生活している親が大切にしているのはどんなものか、遺される家族にこれから自分が何をしておくべきか、そのきっかけとなってくれることを切に望んでいます。

2018年7月吉日

遺品整理の埼玉中央 代表 内藤 久